黄峥传

选择比努力更重要

黄伟芳◎著　　陈润◎主编

团结出版社

图书在版编目（CIP）数据

黄峥传 / 黄伟芳著 . -- 北京：团结出版社，2020.11
ISBN 978-7-5126-8275-7

Ⅰ.①黄… Ⅱ.①黄… Ⅲ.①黄峥—传记 Ⅳ.① K825.38

中国版本图书馆 CIP 数据核字 (2020) 第 180632 号

黄峥传

黄伟芳 著

出　　版：	团结出版社
	（北京市东城区东皇城根南街84号　邮编：100006）
责任编辑：	郑　纪
电　　话：	（010）65228880
发　　行：	（010）51393396
网　　址：	http://www.tjpress.com
E - mail：	65244790@163.com
经　　销：	全国新华书店
印　　刷：	三河市龙大印装有限公司

开　　本：	145×210　1/32
印　　张：	7.5
字　　数：	150千字
版　　次：	2021年1月第1版
印　　次：	2021年1月第1次印刷

书　　号：	978-7-5126-8275-7
定　　价：	59.00元

丛书序

为标杆立传：重塑企业家精神，推动中国商业进步

在我们一生中，总会遇到那么一个人，用自己的智慧之光、精神之光，照亮我们人生的道路。

我从事企业传记写作、出版已有 10 多年，在访谈企业家、创业者的时候，我通常会问两个问题：谁对你影响最大？哪本书令你受益匪浅？答案往往是某位标杆企业家及其传记作品。可以说，很多企业家都曾深受成功前辈企业家传记的影响，他们以偶像为标杆，完成自我认知、自我突破、自我进化，在对标中寻找坐标，在蜕变中加速成长。

人们常说，选择比努力更重要，而选择正确与否取决于认知。决定人生命运的关键选择就那么几次，大多数人不具备做出关键抉择的正确认知，然后要花很多年为当初的错误决定买单。对于创业者、管理者来说，阅读成功企业家传记是形成方法论、构建学习力、完成认知跃迁的最佳捷径，越早越好。

无论个人还是企业，不同的个体、组织有不同的基因和命运。对于个人来说，要有思想、灵魂，才能活得明白，取得成功。对于企业而言，要有愿景、使命、价值观，才能做大做强，基业长青。世间万物，皆有"灵魂"。每个企业出生时都有"灵魂"，但发展壮大以后就容易被忽视。

企业的灵魂人物是创始人，他给企业创造的最大财富是企业家精神；管理的核心是管理愿景、使命、价值观，我们通常概括为企业文化。有远见的企业家重视"灵魂"，其中效率最高、成本最低的方式是写作企业家传记和企业史，前者重塑企业家精神，后者提炼企业文化，以此找到企业复兴之路。

"立德、立功、立言"，这是儒家追求，也是人生大道。在过去10年间，我所创办的润商文化秉承"以史明道，以道润商"的使命，汇聚一大批专家学者、财经作家、媒体精英，专注于企业传记定制出版和传播服务，为标杆企业立传。我们为华润、招商局金融、戴尔中国、用友、卓尔、光威等数十家著名企业提供知识服务，策划出版过全球商业史系列、世界财富家族系列、中国著名企业家传记系列等近百部具有影响力的作品，还将部分优秀作品版权输出海外，堪称最了解中国本土企业实践和理论模型的知识服务机构之一。

正是出于重塑企业家精神、构建商业文明的专业研究精神和时代使命感、责任感，当我提出策划出版"中国著名企业家传记"丛书的倡议之后，得到团结出版社的大力支持。2019年初，我们启动"中国著名企业家传记"丛书的学术研究和出版工程。

为了高标准、高品质打造精品，我们聚集业内知名财经作家组建研究团队，进行专题研究和创作，陆续出版了李嘉诚、任正非、马云、雷军、董明珠、彭蕾等企业家传记作品，面世后深受读者欢迎，一版再版。2020年，我们继续完成王兴、张一鸣、黄峥、周鸿祎、曹德旺、段永平等企业家传记作品，为企业家立言，为企业立命，为中国商业立标杆。

一直以来,我们致力于为有思想的企业提升价值,为有价值的企业传播思想。作为中国商业观察者、记录者、传播者,我们将聚焦于更多标杆企业、行业龙头、区域领导品牌、高成长型创新公司等有价值的企业,将"中国著名企业家传记"丛书不断完善,重塑企业家精神,传播企业品牌价值,推动中国商业进步。

通过"中国著名企业家传记"丛书的调查研究和出版工程,我们意在为更多企业家、创业者提供前行的智慧和力量,为读者在喧嚣浮华的时代打开一扇希望之窗:

在这个美好时代,每个人都可以通过奋斗和努力,成为想成为的那个自己。

"中国著名企业家传记"丛书主编

陈润

2020 年 9 月 12 日

序

长江后浪推前浪,一浪更比一浪强,互联网这个江湖正变得越来越有趣。

2015年之前,很多人都以为国内电商市场格局已定:阿里巴巴以雄厚的实力稳坐头把交椅,京东凭借着自身的努力和腾讯的强大后援牢牢把持第二的位置。这两家电商企业,乘着互联网时代的快车迅速崛起,成为电商领域的"双雄"。这种双雄争霸的局面已经维持了数年,精湛的攻伐谋略,皆是通过无数次浴血厮杀拼出来的硬实力。而两家公司建立起的壁垒——阿里巴巴庞大的生态流量、京东强大的仓储物流,也几乎阻断了所有后来者的前进之路。在强者恒强的互联网竞争法则面前,苏宁、唯品会、当当等其他电商只能在巨头的夹击下求生存,业务不断被两家公司蚕食。那时,人们想不出来还有谁能够打破这种格局。

然而,在这个充满变数的时代,你永远不知道谁会成为颠覆你的那股力量!

就在所有人都以为电商市场格局尘埃落定之时,一个不起眼的对手,却从半路杀出,以星火燎原之势席卷了三、四线城市以及农村地区,在电商红利集中的时代杀出一条血路,彻底改变了双雄争霸的电商格局,让原本已经毫无变数的电商市场充满变数!

这匹起于无声中却一举搅局的"黑马"就是拼多多。而创造这个神话的人,叫作黄峥。

谁是黄峥?

与他一手打造的拼多多之风头强劲不同,黄峥本人为人异常低调,他不喜社交,与行业也少有交流。他曾说:"不是不和他们交流,我不混圈子。"[1]黄峥也很少接受媒体采访,在为数不多的一次采访中,他甚至表示:"我并不希望自己变得更有名。现在是因为我必须履行我在这个位置上的职责,所以我才接受采访,以后会有新的同事来顶替我当前的位置,我就不再接受采访了。"[2]外界对他的了解除了网上零星的一些资料,就是他从2017年便停更的个人公众号和他在2018年至2020年连续三年发布的致股东信。

其实,黄峥的故事并不神秘,他激荡的奋斗史,折射出的是中国青年蓬勃向上的力量。通过阅读这本书,你会了解到一个全面而又立体的黄峥。

这是一个目标驱动型的人。从少年时代起,他就对自己的人生有着明确规划,他的每一步都有既定目标。因为目标明确又执着努力,在每个关键的人生转折,他都没有走错,每一步都踏准了节奏,一路平步青云。然而,创业很多年后,追忆过往时光,他却又感慨"在追求第一上,在努力做一个好学生上浪费了过多的时间",领悟到"60

---

[1]引自《拼多多黄峥:不混"圈子"、想做科学家的另类创业者》,财经网,2018年4月。

[2]引自"黄峥访谈",《财约你》,腾讯新闻,2018年7月。

分万岁是个好哲学"。

这是一个在人生的很多时刻都有贵人相助的幸运儿,正如他自己所说:"自己最大的幸运就是他在恰当的时候遇到了恰好的人,他们给了他最好的建议,让他做了最正确的选择。"这个不"混圈子"的人,却得到了诸多江湖大佬级人物的信任与支持,丁磊、段永平、孙彤宇、王卫、马化腾等人都与他关系匪浅,在他的创业道路上为他提供了各种各样的帮助,为他引路,为他出谋划策。但没有人质疑他善于钻研的品质,因为这个不善言辞的人,是以他特有的商业能力和独特的个人魅力赢得了诸多贵人的信任。

这是一个拥有丰富经验的连续创业者。27岁,在这个大多数人都在为生计奔波的年纪,黄峥就已经实现了财务自由。此后,他连续创业,3年内创办4家公司。最后一家公司,就是我们所熟知的拼多多。他带领着这家公司突破阿里和京东的围剿,以一种前所未有的速度野蛮生长,短短几年,就成为中国第二大电商。但尽管已经如此成功,黄峥却说:"我每天都有危机感,平台越大,责任越大,想把事情做好,又害怕搞砸,每天都很惶恐。"他认为最大的竞争对手就是自己。

这是一个以本分作为人生信条,却总在不经意间流露出野心的人。他始终牢记从人生导师段永平那里学来的"本分",在创业过程中一直坚持本分,还把"本分"作为拼多多的核心价值观写进了招股书里。但本分的他也有自己的野心,希望"能够做一件跟原来相比社会影响力更大一些,就是说对自己有用,对别人也有用,就是一定程度上能够促进良币驱逐劣币的事"。他说自己不追求做最受尊敬的公司,也不追求做最大或最赚钱的公司,而是要做"不可比的最好的企业"——

"你独特,使得别人没法跟你等量齐观地比"。

这是一个敢于在人生巅峰时刻急流勇退的人。在他超越马云、成为中国第二富豪之时,无数人都期待着他能更上一层楼,甚至超越马化腾成为中国第一个"80 后"首富,他却做出了一个令人震惊的决定:卸任 CEO,退出拼多多董事席位,捐出股权。他没有留恋财富带来的优越与荣誉,而是在当打之年就"退居二线",这样的果决,非一般人可比。激流勇进是勇气,而急流勇退却是人生的大智慧。

乔布斯说:"你所做的每件事情,到最后都会一点一点连成一条线。"黄峥的成功,正是他这些年来所经历的偶然和必然结合的果实。而纵观他的成长历程以及他这些年的创业之路,我们可以明显地发现其进化的轨迹。正因为如此,我们有理由相信,黄峥在未来一定会创造出更多精彩,他的故事,或许才刚刚开始。

正如黄峥在 2020 年致股东信中所写:

> 我们既感到无比的谦卑和平静,又无比感恩于拥有的宝贵青春和担负着的重大责任。因此,我们将更加坚定地投资未来,努力建设面前的新世界。在这新世界中,我们的美好旅程才刚刚开始。

目　录

第一章　平凡家庭，不平凡的人生起点

学霸少年的逆袭 / 003　　　浙大的"神人" / 008

丁磊找上门了 / 012

第二章　贵人相助，与段永平结缘

人生导师段永平 / 017

谷歌的学徒 / 021　　　巴菲特午餐的启示 / 026

第三章　激情创业，跳出舒适区

第一次创业，对标京东？ / 033　　　主动放弃，不与刘强东争锋 / 037

再度创业，这次门槛更低！ / 041　　　种下未来的"游戏基因" / 045

第四章 捕捉机遇，抓住社交电商的风口

病中悟道：社交电商正当时 / 049

突围！目标：生鲜电商 / 054

从 20 万单跌到 2 万单的教训 / 059

"如果这么容易被拷贝，我早就挂了" / 064

第五章 重新布局，在电商江湖中突围

拼多多问世 / 071　　　目标不只是"五环外" / 073

用游戏化思维做公司 / 078

复制 Costco 模式 / 083

黄峥的朋友们 / 087

第六章 赴美上市，这只是一个起点

整合与崛起 / 095　　　真是腾讯的"干儿子"？ / 099

上市！刘强东努力了 16 年，他只用 3 年 / 105

不去纳斯达克敲钟的另类 / 110

第七章 舆论危机！不解决假货，就会被假货解决

假货风波 / 117

"十月围城" / 120

主动担责:拼多多不只是生意 / 126

7天,关店千家! / 131

第八章 巨头夹击下,逆势崛起

令全民疯狂的百亿补贴 / 137　　来自京东、淘宝的反击 / 144

疫情之下,逆势增长 / 150　　入场社区团购,开辟第二战场 / 156

第九章 急流勇退,坚决不当首富

超越马云,成为中国第二富豪 / 163

卸任 CEO,开启半隐生涯 / 167

捐出股权,名利皆看淡 / 171

交棒陈磊,只为更好的未来 / 175

第十章 诗与哲学,极度理性背后也有感性

60 分万岁是个好哲学 / 181

"幸福观启蒙者"罗素 / 184　　有诗意和哲理的股东信 / 187

附录

黄峥大事记 / 195

2018年致股东信：永不放弃做正确的事 / 200

2019年致股东信：打造新时代的新电商 / 204

2020年致股东信：新世界的旅程刚刚开始 / 210

黄峥名言录 / 215

参考文献 / 223

第一章

平凡家庭，不平凡的人生起点

正如高尔基所说的那样："不肯安静的人，总向着高处，总向着前方迈进，不断向前，不断向上。"黄峥所做的，起初只是一点点改变，但累积起来再回头看，他的人生却有了不一样的色彩。

学霸少年的逆袭

黄峥曾说:"简单和常识,具有最强大的力量。"

而他的人生经历,也可以用"简单"二字来形容。

黄峥出生于1980年,与业界前辈马云、马化腾、刘强东、张朝阳相比,身为80后的他算得上是不折不扣的"后浪"。他和马云是老乡,都出生在拥有厚重历史底蕴的美丽城市——杭州。

杭州自古以来就是鱼米之乡、富庶之地,历史上曾是南宋都城,到了现代又成为浙江省会,一句"上有天堂,下有苏杭"道出了杭州的知名度和重要性。在互联网时代,伴随着淘宝、天猫、网易等联手布局的"电商矩阵"崛起,中国超过80%的大小电商App、网红主播卖家、创业孵化公司,都栖息在这座城市,杭州以"海纳百川、创新至上"的姿态,冲出中国,走向世界。时至今日,这张"电商之都"的王牌名片,令杭州这座江南古城的"科技人设"变得唯一,且很少有挑战者。

在中国的互联网版图上,浙江走出了许许多多的知名企业家,从门户时代的佼佼者——网易创始人丁磊,到开创了中国电商时代的阿里巴巴创始人马云,都是"杭州佬"。而作为电商的后起之秀,黄峥也是一个土生土长的杭州人。

或许是因为黄峥一路走来太过顺遂,很多人不愿意相信他只是草根出身,宁愿相信他是含着金汤匙出生的。其实,黄峥的家境很普通,正如他在公开场合澄清的那样——"出生在挺普通的家庭,父母就是普通工人"。

在工人家庭长大的黄峥,小时候的生活很拮据。那时,他的父母在杭州丝绸厂工作,母亲的同事们经常把自家小孩穿过的旧衣服带到厂里来送人,黄峥就是穿着那些洗得发白的旧衣服长大的。他们一家住在杭州郊区,家里没有抽水马桶,直到黄峥上高中之前,都要自己动手清理化粪池,把粪挑到菜地里。[1]

不过,虽然黄峥的父母只是普通工人,在对他的教育上却丝毫不放松,黄峥曾说:"我从小到大受的教育是一直要我学先进,立志做个有用的人。"[2]或许是因为父母的教育和引导,又或许是天性使然,黄峥一直保持着积极向上的人生态度,他曾说:

> 从我识字开始,好像我就是在不停地给自己设立目标,然后找优化路径去实现这个目标以及我理解的人生大目标。[3]

黄峥非常聪明,从小就在学习方面表现出了极高的天赋,从上小学起一直都是学霸。小学时,黄峥就读于杭州市郊的一所普通的小学,小小年纪的他就给自己定下一个目标:能拿第一,绝不拿第二。对他来说,实现这个目标并不费力:小学的每次考试他几乎都稳拿第一。

1992年,酷爱数理逻辑的黄峥参加了奥数比赛,取得了优异的成绩。这次比赛让他在学校里获得了更多的关注。在小升初的关键节点上获得奥数奖项,对黄峥来说是至关重要的。更幸运的是,恰在此时,杭州外国语学校开始面向整个浙江省招生,黄峥的老师认为他是一棵不可多得的好苗子,不能埋没,于是就推荐他报考这所名校。

---

[1] 引自"黄峥访谈",2019极客公园创新大会,2019年1月18日。
[2] 引自《读罗素:幸福与对自由的贪婪》,黄峥个人微信公众号,2016年3月24日。
[3] 引自《我的中学与大学》,黄峥个人微信公众号,2016年2月16日。

即使作为一款拥有超 6 亿用户的 App 创始人、一度成为身家过千亿的中国第二大富豪,在杭州外国语学校长长的一串校友目录栏里,你依然很难迅速找到黄峥的位置。

原因无他——在这所学校的校友墙上,早已挂满了密密麻麻的知名校友的照片,而黄峥,在他们中间,并不显眼。

如果你稍微了解一点这所学校的历史,对这样的现象,你一定不会感到诧异。

20 世纪 60 年代初,为适应我国各项事业迅速发展、国际交往日益扩大的形势需要,周恩来总理和陈毅外长决定创办外国语学校,以培养高级的外语人才。1963 年,在全国成立了第一批八所外国语学校,杭州外国语学校就是其中之一。在 1991 年杭州外国语学校的新校区建成前,它每年只招收 80 名学生。尽管招生人数不多,但由于它是省教育厅直属,实施的是六年一贯制的升学政策,每年至少有八成的学生被直接保送大学。

这就意味着,只要能进这所中学,就相当于进了大学,不用再挤高考这座"独木桥"。这种无可比拟的优势,让无数家庭趋之若鹜,不惜挤破了脑袋也要送自己的孩子去杭州外国语学校读书。

可惜的是,当时黄峥还年幼,没有领悟到老师的一番良苦用心。一心喜欢数理逻辑的黄峥,当时只想去数理化强的名校,看到"外国语"三个字,心中难免发出疑问:"这难道不是专门学外语的学校吗?"[1]据黄峥回忆,在考试之前,他对这所学校一无所知,以至于在备考前几乎没有复习和准备,因为他对这所学校并没有什么兴趣。

不过,因为老师的强烈推荐,黄峥最终还是不情愿地报考了杭州外国语学校。作为一个不折不扣的学霸,考试自然不在话下,他轻轻

---

[1] 引自《我的中学与大学》,黄峥个人微信公众号,2016 年 2 月 18 日。

松松就通过了考试，拿到了录取通知书。直到此时，他的心中还有一些抗拒，他还任性地向老师表示，自己不想去。

校长得知此事后，特意把他叫到了自己的办公室，对他谆谆教导了一番。校长还郑重地告诉他，他是这所小学近九年内唯一一个考进杭州外国语学校的学生。

"还好，最后还是去了。"黄峥后来曾感慨道，"杭州外国语学校的中学生涯对我后来的影响很大。"在他的回忆里，在杭州外国语学校的时光很快乐，能在一堆好学生中不断挑战和证明自己，"这所中学开启了我的新世界"。

杭州外国语学校对黄峥的影响，更多地体现在视野的开拓上。

在杭州外国语学校，高考从来不是主旋律，保送名校和出国留学才是学生们津津乐道的话题。在杭州外国语学校的课堂上，很多时候，老师都是自由发挥，甚至在课堂上，时常会放美国大片，而这些片子在外面的电影院都看不到。

当同龄的学生为了一道道艰涩的数学题抓耳挠腮之际，杭州外国语学校的学生已经开始模拟联合国会议，讨论古巴导弹危机给世界造成的影响了。别的学校都是周末补课、寒暑假补课，杭州外国语学校很多学生上了五年中学都不知道补课为何物。要不是高三家长要求搞搞应试教育，杭州外国语学校的学生基本是按照西方的教育理念去培养。

更让人羡慕的是，在20世纪90年代初，他们就有了外教，有出国做"home stay"的机会。

黄峥很喜欢哲学家罗素，他曾说过一句话："人的思维观念在很大程度上取决于他的出身、年幼时受的教育以及当前自身的利益角色。"正是因为杭州外国语学校的轻松的环境和开放式的教育，黄峥很早就拥有了远超同龄人的经历、见识。黄峥也很感谢自己的父母，在杭州外国语学校读中学时，父母竭尽所能又不露声色地为他提供充裕的保障，让他没有感到与那些家境优越的同学有太大的差别。

同样是电商大佬的刘强东，少年时代可就没这么幸运了。

在刘强东的自述中，有这样一件事让他难以忘怀。

在龙镇中心小学读五年级时，语文老师布置过一篇400字左右的作文。老师神情严肃地告诉他们，400字左右的意思是，不能左，也不能右，必须是400字。所以老师改卷也没看内容，直接把每篇文章的字数数了下，发现没人符合要求，所有人零分。

恨铁不成钢的老师干脆自己动手，写了篇范文，要求所有人背下来。后来一位同学发现老师的范文是401字。作为班长，刘强东不敢有丝毫懈怠，带着全班同学数了三遍，的确多了一个字。老师看了半天，淡定地掏出笔，划掉了文中一个"的"字。

与刘强东相比，黄峥无疑是极其幸运的。在人生的起点上，就有幸进入了这样的环境，这段经历也在一定程度上加速了他成功的步伐。

就在黄峥在杭州外国语学校两耳不闻窗外事、一心埋头学习时，外面的世界却正在发生天翻地覆的变化。

1992年后的中国，是一个突飞猛进的中国。

在邓小平视察南方谈话结束后，两个里程碑式的文件《有限责任公司规范意见》和《股份有限公司规范意见》出台，使得1992年成为中国公司的元年。到了10月份，中共十四大召开，"市场经济"被写进党章，直接引爆了下海经商的热潮。

1992年前后，一位名叫郭广昌的青年老师从复旦大学辞职，成立广信科技咨询公司；日后成为励志典范的俞敏洪，也在这年从北京大学辞职，成立了北京新东方学校；而34岁的河南舞阳钢铁厂车间主任许家印，同样是在1992年辞职南下，投入到商海大潮中……

1992年，就是这样一个充满了起点感的年份。虽然黄峥不是含着金汤匙出生的，但他幸运地成长在一个"点石成金"的黄金时代，国家经济开始蒸蒸日上，国民思想开始全面解放，工厂满负荷运转，贸易之路熙熙攘攘，人民收入水涨船高，互联网正在萌芽。正是时代的蓬勃发展，为像黄峥这样的创业者奠定了坚实的基石。

浙大的"神人"

进入杭州外国语学校,是黄峥人生的第一个拐点。

在这所学校读书期间,黄峥发现:"大部分富二代,特别是官二代,都是非常优秀的。"学生时代身边同学非富即贵,让黄峥小小年纪就领悟到了八个字——"钱是工具,不是目的"。

不过,毫无资源优势的他,在高手林立的学校里,凭借着用聪明和勤奋创造出来的优异成绩,依然在同学中脱颖而出。当时,他几乎科科成绩第一,学习成绩遥遥领先,杭州外国语学校毕业后,直接被保送进了浙江大学(以下简称"浙大")混合班。

后来,黄峥把自己的成功策略总结为"田忌赛马":

> 在整体资源劣势的情况下,创造出局部的优势,进而有机会获得整个战役的胜利。由此,平凡人可以成就非凡事。[1]

从杭州外国语学校到浙大混合班,黄峥实现了人生的又一次跃迁。黄峥所在的浙大混合班是浙大竺可桢学院的前身,成立于1984年,

---

[1] 引自《我的中学与大学》,黄峥个人微信公众号,2016年2月18日。

是浙江大学对优秀本科生实施"特别培养"和"精英培养"的荣誉学院，是培养杰出人才的重要基地。每年保送进浙大的人和高考考分比较高的人可以参加一次混合班的选拔考试。有大概 200 个人能进到这个班，可以享受学校更多的资源和机会。

身处浙大混合班，黄峥周围的同学自然也都是出众的佼佼者，彼此之间的竞争异常激烈。而且，学院还有一条规定，每个学期结束的时候，会有一定比例的学生被淘汰，进入其他学院学习。如果经过两年的学习依然没被淘汰，两年结束时就可以选导师、进实验室。

凭着自己的天赋和努力，黄峥一直享受着混合班的待遇。读大一的时候，他就成功入选米尔顿基金会（Melton Foundation），令周围同学都羡慕不已。

米尔顿基金会是一个国际大学生交流组织，由 POS 机行业的领军企业 Veri Fone 的创始人威廉·米尔顿先生在 20 世纪 90 年代创办。当威廉·米尔顿看到东欧剧变、柏林墙倒掉时，他意识到人类历史将发生超出想象的变化，一个新的时代即将到来。于是，他产生了一个想法，就是在当时全世界有代表性的新兴国家遴选一些青年学生，进行跨地区、跨文化交流，共同成长，也许未来他们就能一起为世界带来一些正面的改变。当时他一共选择了五个国家和地区，包括中国、印度、民主德国、智利和美国的黑人地区，每个国家每年有五个名额，而中国的名额就放在了浙江大学。基金会将为新成员提供电脑、网络、交通等交流条件。为了促进跨文化交流，每年夏天，基金会在五个国家轮流举办年会，所有成员均可参加。

所有浙大学子都梦寐以求想要参加米尔顿基金会，但每年只有寥寥五个人能成为这个基金会的新成员，能够进去的都是全校"尖上尖"的尖子生。黄峥正是五个幸运儿之一。

入选米尔顿基金会后，黄峥得到了一台电脑和免费上网机会，那时，一台能上网的电脑绝对是稀罕物。20世纪90年代末，互联网的春风正从大洋彼岸的美国吹向市场经济刚刚起步的中国，后来一众知名的互联网公司都在那一时期开始萌芽，马云也是在那时从北京失意而归，回到杭州创立了阿里巴巴。对黄峥来说，这台电脑的意义是非常重大的。正是因为有了这台电脑，他才能接触到广袤的互联网世界。

除此之外，黄峥还通过米尔顿基金会提供的出国交流机会，到其他国家与世界各地最优秀的学生一起面对面学习交流、一起做项目，黄峥的世界观和人生观再次得到升华。

在一个1987年才第一次与世界联网的国度，电脑是稀缺品，交流同样也是。多年后，黄峥回忆说，基金会的活动对他触动很大，使他深刻认识到"人的多样性"：

> 每年一次的聚会，让我有机会近距离地观察其他国家的同龄人的起居习惯。一个副产品就是让我很早就习惯了印度英语。这对我后来到美国读研究生、工作、听印度老师上课、与印度同事沟通无疑是有很大帮助的。这个基金会，在整个社会上影响不大，但是对我以及和我一起的那些fellow们影响是很大的。它让我深刻地意识到，世界上不同的人种、不同的文化是如此的不同。他们的出发点，思考问题的方式和做事情的方式，是我之前完全不知道，也很难想象的。我们这个基金会人不多，大家形成的关系也相对紧密，这里面不光在中国同学间成了很多对夫妻，还成了很多对跨国的夫妻。[1]

---

[1] 引自《我的中学与大学》，黄峥个人微信公众号，2016年2月18日。

不同文化之间的巨大差异,让黄峥意识到了世界的多极化,每一个文明背后都暗藏着文化传播的抉择。也让他认识到,了解文化、了解人性、树立价值观才能更好地赢得世界。这为他以后创立拼多多奠定了坚实的基础。

浙大读书期间,黄峥一直是学校里的风云人物。他在浙大混合班的嫡系师弟方毅在接受记者采访时曾经这样评价他:"混合班每一届都出'神人',黄峥就是他们那一届当之无愧的'神人'。"[1]

方毅回忆,在混合班求学期间,黄峥成绩拔尖,学生工作也做得好,才华和能力有目共睹,"但他为人非常低调、沉稳,从不张扬"。

大三时,混合班学生选择下一步的专业方向,成绩出众的黄峥进入计算机科学专家、时任浙大校长、中国工程院院士潘云鹤的实验室学习。黄峥的本科论文导师则是计算机科学专家、中国工程院院士陈纯。

黄峥常说自己是一个平凡人,但正如所有成就非凡事的平凡人一样,他所走的每一步都在放大着自己的优势,都在不断地向上攀登。正如高尔基所说的那样:"不肯安静的人,总向着高处,总向着前方迈进,不断向前,不断向上。"黄峥所做的,起初只是一点点改变,但累积起来再回头看,他的人生却有了不一样的色彩。

---

[1]引自《浙大混合班嫡系师弟眼中的拼多多黄峥:技而优则商典型》,曾福泉,浙江新闻网,2018年7月。

丁磊找上门了

在浙大读书时，黄峥在精进编程技术的同时，还经常在一些专业论坛上发表自己的技术见解，分享他所解决的疑难杂症。在那个年代，互联网在中国如雨后春笋般蓬勃发展，黄峥精湛的技术和深刻的见解使他在当时的互联网领域小有名气，甚至连校外的IT人士都慕名前来向他请教。

在这些人中，有一个人叫丁磊。

2001年的一天，黄峥下课之后回到宿舍，打开电脑之后，突然发现有个陌生人在MSN上向他发出了添加好友申请，这个人自称是网易创始人丁磊，说自己正在研究一个技术问题，想向黄峥请教一下。

当时成立于1997年的网易已经在纳斯达克上市，作为它的创始人，丁磊在互联网江湖可谓大名鼎鼎。黄峥很困惑：这样一个知名的企业家为什么会加自己呢？后来，黄峥回忆认识丁磊的经历时说："一开始还以为（他）是个骗子。"[1]

其实，丁磊找上门来既在意料之外也在情理之中。互联网早期崇尚分享、平等、自由，在中国最早的互联网业务网络系统——惠多网上，

---

[1] 引自《骨骼清奇少年——黄峥与他的"贵人们"》，冷观互联世界，2020年6月。

国内最先拥抱互联网的一批网友们经常交流自己的生活感悟,分享技术经验,丁磊、雷军、马化腾都是其中的活跃分子。1996年,丁磊辞掉了宁波市电信局的工程师职位,南下到了广州,还专门坐火车去深圳看望自己的网友马化腾,那个时候他们对互联网都很看好,但对未来都不清晰。多年后,马化腾回忆说:"当年一起喝啤酒时,我们只是打工仔,都还不知道未来。丁磊后来的成功为我带来了启发,只要去做,没什么事情是不可能的。"[1]

当时的网易遭到美国浑水机构做空,股票跌成了白菜价,差点从美国退市,形势极其严峻。而丁磊之所以找到黄峥,原因也很简单:有一天他在网上看到一篇文章,看完之后觉得很有启发,而且里面的很多技术都非常不错,于是对这篇文章的作者欣赏不已。当时,有一些技术问题始终困扰着丁磊,让他百思不得其解。黄峥的文章使他如醍醐灌顶,于是他便放低姿态,主动来找黄峥求教。

黄峥很快就为丁磊解决了技术难题,从此,丁磊一下子记住了这个叫黄峥的年轻人。两个人虽然素未谋面,但通过几次交流,却结下了深厚友谊。一个是互联网大咖,一个是计算机系高才生,竟然就这样成了铁杆网友。后来,丁磊还极力邀请黄峥加盟网易,在得知他已经决定赴美国深造之后,才打消了这个念头。

虽然当时丁磊与黄峥的相遇有着诸多的巧合,但事后回顾,二人身上确实有着诸多的共同点,除了浙江商人天生的商业思维,黄峥也有着丁磊一贯的低调和务实。两个人之所以能成为很好的朋友,可谓"物以类聚,人以群分"。

当时的黄峥恐怕怎么也不会想到,这次加好友,将会给自己未来

---

[1]引自《马化腾与丁磊,二十年的"爱情故事"》,凤凰网,2019年5月。

的命运带来多么巨大的改变——丁磊不但成为他创业路上的贵人，日后，他还会带黄峥去见一位有着"中国最隐秘富豪"之称的高人——段永平。

很多人都说黄峥运气好，一路有贵人相助，其实，贵人不是黄峥撞大运遇上的，而是他用实力吸引来的。如果黄峥不在网上写研究文章，没有技术能力，丁磊就不会循着帖子去请教他，甚至要将他收入麾下，更不会有后来结识段永平的桥段了。所谓运气，皆是实力。

第二章

贵人相助,与段永平结缘

正是因为"本分",黄峥创业如下围棋,每一子都落得踏实、走得从容,以平淡寻常的着法——"本手",沉、稳、准,步步为营,稳打稳扎,引领拼多多实现弯道超车,彻底改变了电商江湖的格局。

人生导师段永平

黄峥人生的第二个拐点得益于段永平。

黄峥一直把段永平看作是"人生导师",他曾说:

> 在我的天使投资人里面,对我影响最大的是段永平。他不停地在教育我首先要做正确的事,然后再把事情做正确。[1]

黄峥与段永平的结识源自丁磊的引荐。2002年,黄峥从浙江大学毕业后,选择赴美深造,到美国威斯康星大学麦迪逊分校攻读计算机硕士学位。

有一个小故事,在那几年浙大想出国留学的人当中流传甚广:

当时,由于中国学生在美国GRE考试中成绩太好,以至于美国一些学校怀疑GRE考满分的中国学生有问题。而黄峥可以精确控制自己的GRE成绩,使之保持在既能被美国学校录取,又不会引起怀疑的分数。

由此可见,"学霸"果真是名不虚传。

得知黄峥到美国深造后,出于对他的欣赏和感谢,丁磊介绍他认

---

[1]引自《低调段永平:成就国产手机帝国,"做正确的事,然后把事做正确"》,南方,《环球精英》,2018年9月。

识了浙江大学82届学长、当时同在美国的段永平。

说起段永平，他的人生经历可谓步步传奇：

16岁，他就考入浙江大学无线电系。当时是1977年，是高考停招十年后的首次开考，570万高考大军涌入考场，在当年，几乎所有本科、专科学校加起来，招考人数不过27.3万，录取比例仅仅是29:1，竞争之激烈前所未有。而年仅16岁的段永平，硬是凭着出色的成绩，从千军万马里杀出一条血路。

1989年，段永平到广东中山的一家亏损200万元的国企小厂当厂长，只用了4年时间，他就使这家小厂扭亏为盈，还实现了10亿年营收，让"小霸王"成为全国知名品牌，成为很多80后的童年记忆。最火的时候，工人大年三十还在工厂里加班赶工，发5倍工资。但全国各地前来拉货的车队，还是排出了一公里多，要想提货需要在工厂门外等好几天。

1995年，因为股份制改造的方案没有通过，心灰意冷的段永平毅然决定离开自己一手打造的小霸王，辞职创业。这次出走，有三个人追随他而去，20年之后，他们成为OPPO总经理陈明永、vivo总经理沈炜和步步高总经理金志江。追随段永平，他们的理由非常简单："船长不在船上了，水手们不知道船会开到哪里，所以要求下船。"离开小霸王之后，段永平再次在商业世界纵横四海。在不被所有人看好的情况下，他又带出了一匹黑马——步步高。他先后打造了一系列明星产品：步步高无绳电话、步步高VCD、教育电子产品……步步高品牌开始家喻户晓，并两度成为央视"标王"。

而段永平最传奇之处，还在于40岁"退休"。

2001年，处在人生高光时刻的段永平，做出了一个令所有人震惊的决定——离开步步高，移居美国。他的妻子是美国《棕榈滩邮报》首席摄影记者，结婚时，他向妻子承诺："将步步高推上一个新台阶后，一定到美国与她会合。"段永平没有食言。这个身价数十亿的富豪，为了自己心爱的人几乎放弃了一切,"不可能让太太在美国,我在中国,那还要这个家干什么?"是大英雄能本色,唯真名士自风流,正是段永平的最佳注脚。

远走美国之前,段永平把当时正如日中天的步步高拆分成三家独立的公司,分别交给他的三位弟子陈明永、沈炜和金志江,他给弟子们只留下一句话:"放手去干,干好了分钱,干不好关门,别有负担。"从那之后,段永平就当起了甩手掌柜,在每家公司只占有10%的股份。

到了美国后,段永平一直处于半隐退状态,每天陪陪老婆、孩子,打打高尔夫,玩玩游戏,看看股票,做做慈善,过着"闲人"生活。

然而,平淡的生活也无法掩盖他的传奇,在美国华人圈乃至整个硅谷,段永平都算得上是一个风云人物。而当时初到美国的黄峥,只不过是一个普通的留学生。但年龄、地位的悬殊,并不妨碍两个人成为忘年交。段永平和黄峥第一次见面的情形我们已无从得知,但有一点是可以肯定的,那就是:黄峥此后的人生,与段永平再也脱不开关系。

黄峥就读的美国威斯康星大学麦迪逊分校距离段永平的家不远,学业不忙时,黄峥就会到段永平家做客,与他聊聊天,交流一下计算机方面的问题。有时,他也会帮段永平处理一些投资业务。在交往过程中,两个人越来越投缘,段永平对黄峥的赏识也日益加深。

黄峥一直认为段永平是对自己帮助最大的人。事实也的确如此,段永平不但在黄峥学习、工作中给出过宝贵建议,为他出谋划策,在关键时刻为他指点迷津,甚至还曾慷慨出资、出力,帮助黄峥创业走到今天。可以说,没有段永平,就不会有黄峥的今天。

而段永平对黄峥最大的影响,是价值观的塑造。

有人曾经问黄峥,段永平在商业和人生上给了他什么启示时,黄峥是这样回答的:"我觉得段永平对我影响最深的是本分。"

段永平曾给自己一个评价——"胸无大志",他常说自己不想做什么改变世界的事儿,生活最重要的就是快乐。在2016年他写给浙大毕业生的讲话中，他解释了自己的哲学："大"是好大喜功的大，所谓胸无大志，是说要脚踏实地地做自己喜欢的事儿。后来，他又把自己的成功哲学总结为两个字——"本分"。在段永平眼里，"本分就是要做对的事情和要把事情做对。平常心就是回到事物本源的心态，也就是要努力认清什么是对的事情，认清事物的本质"。

段永平的这套哲学，在黄峥身上留下了深深的烙印，并让他受益匪浅。在他的创业过程中，他一直坚持本分，甚至还把"本分"作为拼多多的核心价值观写进了招股书里，与雷军当初把"厚道"写进小米招股书里如出一辙。

在致股东的信中，黄峥是这样解释"本分"的：

> 拼多多价值观的核心是"本分"。本分这个词英文比较难翻译，大致意思是说"坚守自己的本职"，在我们这里有几层意思。
> 1. 要诚信，并成为值得信任的人。
> 2. 要尽自己的本职，无论别人在做什么。
> 3. 隔绝外力，回归初心，专注于做好自己应当做的。
> 4. 不赚人便宜，即便我们能够。
> 5. 出现问题，首先求责于己。
>
> 对于拼多多管理层来说，本分意味着专注于为消费者创造价值。我们可能不被理解，但我们总是出于善意，不作恶。[1]

正是因为"本分"，黄峥创业如下围棋，每一子都落得踏实、走得从容，以平淡寻常的着法——"本手"，沉、稳、准，步步为营，稳打稳扎，引领拼多多实现弯道超车，彻底改变了电商江湖的格局。

---

[1] 引自"黄峥致股东信"，2018年6月。

谷歌的学徒

与一些把勃勃的野心写在脸上、挂在嘴边的企业家相比,外界一直认为黄峥是一个没有野心的人,其实这是对黄峥的误读。

黄峥曾说:"从初中开始,我就设想过自己做科学家、政治家、企业家之类的,读人物传记,想自己最想成为谁。"[1]而他最初从谷歌广告系统开发部门出来创业,"就是想做成一家公司,公司能够赚钱,同时自己能够更牛一点"。[2]

黄峥从来不是一个甘于平淡的人。这一点从他的职业选择上,也可以窥见一斑。

2004年,黄峥从威斯康星大学麦迪逊分校毕业,他开始思考自己未来的道路应该怎么走。段永平曾经透露:"他曾考虑过跟我一起做投资,但觉得自己缺乏一些企业经验。"后来,他拿着谷歌和微软的offer找段永平请教。

当时的微软已经是一家如日中天的大企业,在那里可以学到很多成熟的技术。而2004年的谷歌仍然处于初创阶段,规模不大,公司

---

[1] 引自《读罗素:幸福与对自由的贪婪》,黄峥个人微信公众号,2016年3月24日。

[2] 引自《为什么要再次创业》,黄峥个人微信公众号,2016年3月20日。

每小时营收十几万美元，工程师团队只有几百人，更没有上市，去那里更多的是创业经验的磨炼，充满未知与挑战。选择微软还是谷歌？一道难题摆在黄峥面前。

当他找到段永平时，段永平直接建议他去谷歌工作："谷歌看起来是一家挺牛的公司，值得去看看。对你想要未来创业也是有好处的。"而且，他还建议黄峥，至少要在谷歌待三年，"因为一两年是没法真正进入重要的岗位，真正了解这个公司的"。

黄峥觉得段永平分析得很有道理，再加上在读研期间，他就已经到微软实习，对微软的工作风格有了一个大致了解，也与微软的很多工程师有过交流。他认识到："如果选了微软，人生就会确定下来——拿到绿卡，留下来，十年后的生活什么样，现在就知道了。"他想，与这样的按部就班与稳定相比，选一个有变数但是可能更激动人心的工作更适合自己。因此，最终他决定舍微软选谷歌，加入谷歌做广告后台系统开发。

幸运女神再一次光顾了黄峥。半年之后谷歌上市，此后，一直保持在一个飞速增长的状态。谷歌的高歌猛进，使黄峥的身家也跟着水涨船高："我印象中当时刚进谷歌，公司每小时营收十几万美元，后来就变成了几百万美元。员工数也很快从千到万。我银行账户里的钱也瞬间多了很多。"

黄峥把这形容成"天上掉馅饼"，当时的他还很懵懂，对这种从天而降的幸运并没有太大的感觉，后来他曾说：

> 它是我第一份工作，没有任何感性的经历上的比较。我是在离开谷歌三四年以后，才越来越深刻地意识到谷歌这样的公司是多么难得，有机会在那样一个时间点进那样一家公司是多么的难得。从概率上来说，人一生能碰上一次也算是很幸运的了。至少

也是十年二十年一遇的机会。

不过,黄峥发现身边很多同事在"一夜暴富"之后,开始走上了一条歧路:

> 谷歌让我看到人一夜暴富带来的副作用。好像佛教里面讲,得多少财是要有对应的福报的,没有足够的福报得了意外之财可能未必是好事。这点在谷歌早期部分员工的历程中有些验证。因为瞬间有了太多的钱,很多人失去了工作的动力,开始去寻找新的乐趣和事业,但是往往那些新的东西他其实不擅长也未必喜欢(开飞机未必行,搞望远镜搞不来,创业不适合做老板,但又坐在了老板的位置上)。就这样林林总总耽误了好些年,耽误了他最有可能做出更杰出成就的时光。[1]

但黄峥顶住了突然而来的财富带给自己的考验。这或许得益于他很早就认识到"钱是工具,不是目的",如果不是在学生时代就产生了这样的认知,黄峥很可能也会像他的一些同事一样丧失前进的动力。

2006年,黄峥成为谷歌资历最深的工程师之一,他随李开复一起,成为谷歌第一批回国员工,参与谷歌中国的初创阶段。他给段永平的理由很简单——"这里的中餐不好吃"。

回到国内发展的黄峥,正好遇到了一个好时候。

2003年之后,经历了寒冬的互联网行业开始走上了复苏之路。搜狐、新浪、网易三大门户网站利润额持续增长,在纳斯达克上的表现

---

[1] 引自《我的第一份工作》,黄峥个人微信公众号,2016年2月25日。

优异；阿里巴巴投资1亿元人民币推出了个人交易网站淘宝网，并创建独立的第三方支付平台支付宝；做即时聊天起家的腾讯和以搜索业务为本的百度也正式挂牌上市。国内互联网的蓬勃发展，带来了许多机遇。

借着这股东风，谷歌中国办公室的创立非常顺利。在一般人看来，黄峥当时的工作是非常令人羡慕的：拿着丰厚的薪资，接触的都是国内顶尖的精英人才，做的都是足以影响互联网生态的大项目。但这种常人甘之如饴的状态，却令黄峥坐立不安。"可怕的地方正在此，这种舒适会慢慢腐蚀你，你慢慢地就走不动了。而且，当时的我何德何能，能如此舒服更多是因为平台，而不是因为我本人。"[1]

更令黄峥郁闷的是，回到中国之后，他才发现，自己的工作发生了巨大的变化。在美国时，他只要负责编程就可以了，在中国，他还要承担很多交流和协作方面的工作。为了汇报工作，他频繁地在美国与中国之间飞来飞去。当时的谷歌，"大公司病"已经初现端倪，一个决议的判断，从总部到中国市场，流程冗长，反应迟钝。谷歌中国对大陆市场的产品哪怕做点最微小的改动，都要美国总部的批准。不久之后，他就对飞往谷歌公司总部汇报工作感到厌烦，在那里他必须要将一些极其琐碎的事情向谷歌创始人拉里·佩奇和谢尔盖·布林做汇报，他最后一次工作是前往总部为改变搜索结果中显示汉字字体的颜色和大小申请签字。

这让他萌生了退意，思虑再三，2007年，黄峥做出了一个令人惊讶的选择——离开谷歌，开启创业生涯。在外人眼里，丢掉这样一份有前途的工作，无疑是血亏的。将自己的时间和精力重新押注到不确

---

[1] 引自《拼多多黄峥：离开Google，如何打造电商版的Facebook》，搜狐新闻，2016年9月。

第二章 贵人相助，与段永平结缘

定的方向，不是一般人能够做出来的。但这就是黄峥。他是本分的，却也是充满野心的。

正如段永平建议的那样，黄峥在谷歌一共待了三年。他迫不及待地想要走出自己的舒适区，甚至没有等到待满四年期权全部兑现就辞职了。不过，已经兑现的那部分期权，都已经够他花很多年了。到八年以后他创立拼多多时，谷歌给的钱都还没用完。

黄峥后来回忆，这三年在谷歌的经历让他收获颇丰，"谷歌给予我的远比我给谷歌做的贡献要多"。

谷歌不但让黄峥拥有超百万美元身家，实现了财务自由，还为他以后创立拼多多，积累了人脉和原始资本。更重要的是，在谷歌的三年生涯，使黄峥对谷歌"不作恶"的信条、外资互联网公司进入中国市场的挑战、企业意识形态、企业收购等问题也有了深刻的理解：

> 谷歌让我有机会近距离地体会和理解国外互联网公司在中国的难，以及和国内互联网公司的竞争。一方面，跨越空间和文化的障碍，获得公司总部的100%的信任和授权就是一件很难的事；在没有足够信任和授权的情况下要去面对跟进市场的快速迭代，应对各种商业的非商业的、规则的潜规则的竞争更是不容易。一个极端的情形是，以当时谷歌的号召力，开一个招聘会可以站满一个足球场的人，但招聘的实际情况却是有点叫好不叫座的，要找到一个踏实肯干、有经验有潜力又有良好价值观的人其实依然是极其不容易的，和普通外表看到的相反，要形成一个有战斗力的团队往往是比本土的互联网公司要难很多的。[1]

---

[1] 引自《我的第一份工作》，黄峥个人微信公众号，2016年2月25日。

巴菲特午餐的启示

2006年,黄峥的人生中还发生了一件大事——与股神沃伦·巴菲特共进午餐。

网上一直流传着黄峥与巴菲特的一张合照:巴菲特的手亲近地搭在黄峥的肩上,两个人都面带微笑。当时只有26岁的黄峥还略显拘谨和青涩,可能巴菲特也想不到,十几年后,这场午餐的配角竟然会创造出一家市值千亿美元的公司。

黄峥能有这样的机会,还要归功于段永平。

2000年,在妻子苏珊·巴菲特的提议和撮合下,股神沃伦·巴菲特开始拍卖与其共进午餐的机会。从那之后,世界上最著名的午餐拍卖诞生了,而拍卖获得的款项则全部捐给位于旧金山的慈善机构格莱德基金会,用于为旧金山的穷人和无家可归者提供食物、医疗、住房、托幼、职业培训等慈善服务。每年,巴菲特午餐的拍卖都会吸引到很多关注的目光,人们都想从股神那里解惑并学习一些投资技巧。虽然这顿午餐的价格逐年飙升,但仍有众多竞价者参与其中。

2006年,段永平以62.01万美元的价格成功拍下了和巴菲特共进午餐的机会,成为第一位与股神共进午餐、面对面聊天的华人。

2001年退居幕后并移居美国后,段永平就当起了"甩手掌柜"。虽然段永平早就已经实现了财务自由,但无所事事的家庭生活,令他很难适应。"那个时候我就想,我将来要在这里生活的话,我来这里干什么?我也不能整天在家里待着。"这时,他想到了股票投资,并逐渐把自己的重心向投资转移。

不过,刚开始涉足投资领域时,段永平感觉非常迷茫,迟迟摸不着头绪,不知道那些操盘手每天都在忙什么。为了搞清楚其中的诀窍,他买了上百本关于投资的书籍,里面讲K线图分析,讲涨跌概率,讲如何预测分析,他都看得不甚明白。

直到有一次逛书店时,段永平看到一本巴菲特谈投资的书,书里的一些观点,比如"买一家公司的股票就等于在买这家公司"以及"投资你看得懂的、被市场低估的公司"等,令段永平深受触动,一下子顿悟。

段永平一直认为,自己之所以能取得投资成功,秘诀就在于对巴菲特价值投资理念的理解与践行。他坚信巴菲特的价值投资理念,不投机,不投自己看不懂的领域,对确定的机会会重仓出击,长线持有,巴菲特用这样的投资理念投资了很多优秀的企业,获得了一次又一次的成功。正因为如此,段永平才会一掷千金求一顿午餐,"希望有一个向巴菲特道谢的机会",也是为了"做慈善"。受美国文化熏陶的段永平用"Just For Fun"概括了这顿午餐。

与巴菲特共进午餐的地点是在纽约一家非常有名的牛排馆——史密斯与沃伦斯基牛排馆。这是一家美国当地最有名的高端牛排连锁餐厅,在美国各个主要城市都有它的分店。那里的环境非常幽雅,充斥着一股美国上流社会的气息,这里也是公认的美国贵族餐馆,经常可以看见华尔街的一些金融巨鳄在此谈论生意,往往在一顿午餐的时间,几百亿乃至上千亿的收购就已经达成了。

牛排馆的主厅包括一楼和二楼的400个座位,墙壁上悬挂着精美油画、名人就餐照片和媒体报道,以提升品位,彰显尊贵,巴菲特是最有吸引力的招牌。"慈善午餐"被安排在一楼紧靠厨房的大圆桌,可以围坐七八个人,因为中标人可以带上最多七位朋友与巴菲特进行

3个小时的特别午餐。[1]

据说,在吃午餐时,巴菲特跟段永平说的:不要做你不懂的东西,不要做空,不要去借钱。这样的投资理念深深地影响了段永平,让他的财富得到了源源不断的积累。

根据规则,段永平可以带六个人共同赴宴,其中一个就是黄峥。

当时的黄峥还在谷歌公司工作,段永平在电话中只告诉他让他来一起吃个午餐,令黄峥万万没有想到的是,午餐桌上坐着的人竟然是"股神"巴菲特。

黄峥对巴菲特有很高的评价:"巴菲特是一位让人敬佩的资本家,他是一位纯粹的资本家。他的整个事业可以描述为孜孜不倦地、专注地、理性地挪动钱来享受复利的果实。我喜欢读他写给股东的信,几十年来重复着同样的简单,重复着不容易的纯粹。他的帝国里一手是保险,一手是投资;一边卖的是抗风险能力,收起来的是钱,另一边则是把钱放进有护城河、能产生复利的果园里。"[2]

作为这次午餐的"配角",黄峥一直坐在一旁认真地聆听着两位"大佬"的谈话。在这次饭局上,巴菲特没有教授什么专业的投资技巧,更没有谈过多的空话套话。他告诉黄峥:"做事要顺势而为,要遵循事件背后的客观事实。人可以不睿智,但是一定要有勇气和坚持。"

这次千载难逢的机会,成了黄峥日后创业的最佳背书材料之一。

在一次接受专访时,黄峥回忆起当时那场午餐时说道:

> 巴菲特有很多故事,和他交谈是件很有趣的事情。虽然他不会告诉你公司具体的投资打算,但不妨碍他谈论自己的投资原则。

---

[1]引自《大佬的午餐:值不值只有买单者心里最清楚》,陈润,《中国慈善家》,2013年7月。

[2]引自《把资本主义"倒"过来》,黄峥个人微信公众号,2017年9月。

正是这些原则使他从很少的资本起步,最终成为世界最富有的几个人之一。[1]

他也曾提及巴菲特午餐带给自己的最大启示:

> 巴菲特讲的东西其实特别简单,是我母亲都能听懂的话,但这顿饭对我最大的意义,可能是让我意识到了简单和常识的力量。人的思想是很容易被污染的,当你对一件事作判断的时候,你需要了解背景和事实,了解之后你需要的不是睿智,而是面对事实时是否还有勇气用理性、用常识来判断。常识是显而易见、容易理解的,但我们各种因为成长、学习形成的偏见和个人利益的诉求蒙蔽了我们。[2]

时至今日,黄峥还会时不时回想起与段永平、巴菲特共进午餐那天,他们两人在高兴地聊天。巴菲特让他认识到了简单和常识的力量,而段永平则教给他本分和平常心。

在此后的人生道路上,黄峥也经常会思考巴菲特的人生经历,并从中获益匪浅。他在个人微信号曾撰文称,巴菲特一方面享受着资本游戏的快乐,另一方面清楚地知道钱不是目的,把自己绝大多数钱捐给了比尔·盖茨,同时倡议对富人收更多税,完成财富的再分配。

从巴菲特"积累资金然后再分配"的做法中,黄峥想到了保险业。在他看来,现在的保险是穷人向富人购买抗风险能力,这可能导致的结果是富人越来越富,穷人越来越穷。他设想,在"后资本主义"时代,

---

[1] 引自《详解与巴菲特共进午餐的正确姿势》,荔枝网,2019.6 年 6 月。
[2] 引自《当年豪掷千金拍下"巴菲特午餐"的 3 名中国富豪,如今过得怎样?》,不凡智库,2018 年 11 月。

可以设计一种新的机制，让穷人也能卖"保险"给富人，穷人卖一些自己的"软实力"、自己的意愿、抗风险能力给富人，从而实现周期更短的钱从富人向穷人回流的循环。

黄峥给出的一个比方是：

> 如果有一千个人在夏天的时候就想到在冬天的时候要买一件某种样子的羽绒衣，他们一起写了一个联名的订单给到一个生产厂商，并愿意按去年的价格出 10% 的订金。这种情况下，很有可能工厂是愿意给他们 30% 的折扣的。因为工厂从他们的联名订单里获得了一个工厂原来不具有的一种需求的确定性。这种确定性可以转变为利用生产计划低谷进行生产的便利，也可以转化为采购原材料时的笃定。工厂甚至可以进一步把这种确定性进一步售卖给上游和配套厂商来换取工厂成本的进一步降低。从交易形式上来说，这个交易就像是一群人一起各花 1 块钱买了 3 块钱的限时抵用券，然后工厂因为卖出了这些抵用券，也可以进一步向上游和配套厂商去买类似的限时抵用券，比方说花一千买三千的限时抵用券。如果这一千个人有一定的信用记录，他们一起下了一个联名订单，表达了意愿但没付订金，那工厂愿意给他们折扣吗？我想大概也是愿意的，只是可能不是 30%，但 8% 可以吗？这就好比工厂用自己发行的限时折扣券，向普通消费者购买了一个保证在未来购买的保险。如果进一步去想，其实还有好多形式可以让普通人的意愿以及普通人对自己未来需求的确定性市场化、产品化、货币化。

黄峥认为，资本家、富人是愿意向普通人、穷人购买这种"反向保险"的。

从某种程度上来说，拼多多后来主打的"拼团砍价""拼团抢先预定"策略，实际正是让大众消费群体向生产企业提供了"反向保险"。由此可见，黄峥的思考，深刻影响了他的创业路径。

第三章

激情创业,跳出舒适区

很多过来人都会告诉后来者,创业从来都不是一条容易的路,哪怕你很有天赋,哪怕你非常出色,但是这些都远远不够。能让创业者坚持下去的原动力,除了事业的召唤、金钱的吸引,更多的还是内心深处的不安分。

第一次创业,对标京东?

2007年,中国网民的数量已经达到1.6亿人,仅次于美国,位居全球第二。智能手机逐渐流行起来,开始进入移动互联网时代。新的时代意味着新的机会,人人都想"站在风口上",于是,一股千帆竞发、万马奔腾的互联网创业浪潮席卷中国。

也是这一年,马云的阿里巴巴在香港成功上市,开盘后股价持续上涨,最高涨到了35.75港元(4.58美元),高于谷歌和百度的股价,市值高达250亿美元,一跃成为世界第五大互联网公司。同一年还有完美时空登陆纳斯达克;国内最老牌的软件企业金山在香港联交所挂牌;史玉柱旗下的网游企业巨人网络在纽约证券交易所挂牌;运营多款热门大型网游的网龙在香港上市……这些互联网企业在资本市场上所向披靡,让无数互联网从业者看到了希望,越来越多的人投身互联网创业大军。波澜壮阔的全民创业大潮一浪高过一浪,以磅礴之势,奔涌向前。

而黄峥,也是其中的一个弄潮儿。

这一年,在强烈的创业欲望的驱使下,黄峥离开谷歌,开始第一次创业。

当时的黄峥虽然年轻,却头顶无数光环——就职全球知名企业、拥有百万美元身家、结识众多业界知名人士……因此,投资者们纷纷向他投来了关注的目光。

但他做的第一件事,却令人大跌眼镜:他跑到中关村去站柜台卖手机,每台手机只赚几十块钱。

黄峥的这段经历,不由得让人想起了另一位互联网江湖的传奇人物——刘强东。

刘强东与中关村有着很深的渊源,他曾经这样评价中关村:"中关村成就了无数人,所有互联网从业者都应该感谢中关村,也值得国家和社会感谢。它不能简单理解为卖硬件的地方,它代表一种精神。在中国大地上,有一块热土,大量博士生、留学生不计较职位、不要铁饭碗,一切按照商业的规则去经营。中关村精神到现在为止没有改变。"

刘强东的创业之路正是从中关村开始的。20 世纪末期,中关村是举世闻名的"中国硅谷",这里有著名的学府,科研院所云集,人才相对集中,还有闻名全国的电子企业和电子贸易,是创业圣地。从 1998 年 3 月开始,刘强东几乎每天都会到中关村"闲逛",他的眼睛一直在观察,脑子一直在不停地思考,有时也会与摆摊的人聊上几句,听他们讲讲自己的发财故事……他每天都在观察着瞬息万变的电子市场,想通过这种方式来了解中关村的生意到底是怎么做的。

1998 年 6 月 18 日,刘强东带着自己身上仅有的 12000 块钱,骑着一辆破旧不堪的二八自行车,来到中关村海沙市场,租下了一个面积只有 3.2 平方米的摊位。在中关村,海沙市场可谓最便宜的摊位,租金包税一个月 2000 元,押一交一。当时海沙市场一共有 36 个摊位,但只租出了 7 个。在这个毫无人气的市场里,刘强东在自己和女朋友名字中各取一个字成立了"京东多媒体"公司,卖刻录机、压缩卡(把录像带转成 VCD)和光盘。

京东就这样起步了,谁也没想到,这个不足 4 平方米、位置偏僻的小小摊位,后来竟然能成为中国的电商巨头。

黄峥到中关村卖手机,是否因为受到了刘强东的影响,我们无从得知。但他接下来的创业项目,却恰好与京东对标。

黄峥想做的,是一个电商网站。去中关村当推销员,正是为了搞清楚手机是怎么售卖的、顾客都关注哪些问题,"在国美、苏宁都卖过手机,只有知道一线是怎么玩的,才能了解消费者"。[1]

在中关村"混"了一段时间后,黄峥发现,这个行业"水很深"。手机货源五花八门,翻新机被当新机卖、水货当行货卖、贴牌配件充原装、报价虚高……这些都是这个行业里"老手"们的伎俩,被谷歌"Do not be evil"(不作恶)的企业文化熏陶出来的"新手"黄峥发现这个行业实在是太混乱了,他说:"大家都是打着正品行货的招牌卖手机,但是真正本分的没几个!"而"本分"是段永平给黄峥灌输得最频繁的词。

体验了一段时间后,黄峥创立了欧酷网。没有做生意的经验、没有创新的商业模式,黄峥就这样起步了。

对黄峥的第一次创业,段永平全力支持。不但由步步高出资入股,而且在初期提供了大量的步步高产品给欧酷卖,甚至连欧酷网最初的域名、联系人电话留的都是 OPPO 的总机。

最重要的是,黄峥把段永平一直向他灌输的"本分"理念移植到了欧酷网。段永平经常对黄峥说:"要做正确的事,然后再把事情做正确。每件事情出来的时候你要去想这件事情是不是正确的,是不是应该做的;其次要本分,要想清楚立足于为谁服务;最后就是要记得你的初心是什么,不要占别人便宜。"黄峥不但牢记于心,还将其作

---

[1] 引自《拼多多黄峥:离开 Google,如何打造电商版的 Facebook》,搜狐新闻,2016 年 9 月。

为欧酷网企业文化和价值观的核心。这和"段永平系"的所有公司，如步步高、OPPO、vivo、一加等，都如出一辙。

黄峥带领着欧酷网在"混乱、复杂"的手机行业里坚持做"本分"的事。上线后的欧酷网站开始为"手机盲"补课：怎么鉴别新机、怎么区分行货和水货、怎么判断手机性能和配件质量；等等。这样的板块虽然谈不上新奇，却是同类很多电子购物网站缺失的，黄峥觉得这本应该是网站的"本分"。

欧酷网有一个非常有趣的企业文化：他们把手机比作一道菜，欧酷网线上客服都以"店小二"自居，当然，黄峥也就成了"大厨"。花名是欧酷员工"必须的"：类似"连吃五荤""吃很少都会饱""吃了还要吃"等等都跟吃有关。

这都是欧酷的员工提议的，黄峥觉得不错："欧酷就是一个食堂，来了都是客，要善待！"为了满足这帮"食客"，他们开始在用户服务体系上做细文章：价格高了，可以等，一旦有降价，欧酷会以短信形式免费通知客户；缺货了，可以等，货到后欧酷也会通知；要是客户在收到商品快递包裹的时候，产品降价了，欧酷会返还差价；对质量不满可以寄回欧酷，欧酷送官方检测，5天内回复，15天内解决……

"要论网站的名气大小，欧酷可能还不能跟京东它们比，但要论用户美誉度，欧酷一定是同类前三！"当时的黄峥是如此志得意满。

主动放弃，不与刘强东争锋

黄峥与刘强东或许是命中注定的对手。早在欧酷网时期，京东就是黄峥在行业内最强劲的对手。

当时，欧酷网的主要业务是在网上售卖数码产品，一开始，欧酷只出售步步高电子教育产品，还有 OPPO 蓝光播放机，后来又拓展了更多的产品种类。这与京东的业务是完全重合的。

2007 年，京东从"京东多媒体网"正式更名为"京东商城"，年营业收入只有不到 5 亿，日订单处理量刚刚突破 3000 个。也是在这一年，今日资本的创始人徐新找上了刘强东。

第一次见到刘强东时，徐新看见刘强东的电脑上写着"只有第一，没有第二"。"我当时就觉得这哥们可以。"徐新日后回忆道。打动徐新的地方还有，当时规模还很小的京东每天坚持开例会，刘强东 8 点 30 分准时到公司，与下属们一起开早会，了解公司情况，并提出解决思路。此外，刘强东非常重视用户体验，每天都会在网站给客户回帖。在跟刘强东谈了 4 个小时后，徐新就果断地决定，要投资京东，凭借她成功企业家的直觉，她觉得京东会有不错的发展，而刘强东更有可能是一匹千里马。后来徐新回忆说："问他（刘强东）要多少钱，他说要 200 万美元，我说：'200 万哪够呢，给你 1000 万美元。'"

就这样，徐新成了京东的第一位投资人：2007 年 3 月 27 日，京东向今日资本发行1.55亿"A类可赎可转优先股",附带1.31亿份购股权。8月15日,1.31亿购股权被行使。两笔融资合计1000万美元。徐新在京东这桩投资中获得了100倍以上的回报,是她20年投资生涯中最为成功的投资案例。

有了今日资本的资金支持,京东开始疯狂发展起来:丰富品类,快速部署仓库和物流,和淘宝形成差异化竞争……刘强东还在行业里推行先货后款,无底线地"纵容"消费者,把卖家电的费用率压到8%,净利率压到5%,一时间,所有的3C电商公司,无论是苏宁还是国美都受到了巨大的冲击。

在同期茁壮成长的京东的阴影下,背靠大树的欧酷并没有在步步高体系外争取到太多生存空间。而且,它的"大树"在一定程度上也成了先天缺陷——因为欧酷网是段永平出资控股的,其他手机品牌不愿意与欧酷合作。

黄峥苦心经营了3年,2010年,欧酷成为手机和电子教育品类排名前3的电商网站,年营收6000多万。对于一个初创公司来说,这已经是非常亮眼的成绩了。然而,对黄峥来说,这个速度却太慢了。

此时,京东已经成为B2C领域当仁不让的龙头老大,年销售额达到了102亿。在庞大的京东面前,欧酷网是如此微小,蚍蜉如何撼大树?

同样是B2C电商,黄峥与刘强东有过不少交集,还曾见过他两次。他觉得在B2C领域,自己很难干得过刘强东,因为刘强东是真正从柜台做起的,无论资源和经验都要比他丰富。相比刘强东,黄峥觉得自己虽然也在中关村做过推销员,体验过市场,但仍然不够接地气。而且,欧酷网与京东之间的实力对比太过悬殊,如果与京东正面竞争的话,必须大规模融资,这意味着股东结构要改,又要耽误时间。如果打不过京东,就陷入无意义的消耗战里。

在慎重思考之后,黄峥决定主动放弃。

后来在接受《新经济 100 人》李志刚采访的时候,对自己的这个选择,黄峥做出了这样的解释:

> 如果我不能赢得战争,我就不应该打……一定程度上讲,我跟他是两代人,我需要用自己的身家性命跟他拼吗?没必要。[1]

2010 年,在欧酷网蒸蒸日上之时,黄峥将其卖给了兰亭集势的老板郭去疾,从 B2C 领域抽身出来。郭去疾是黄峥的前同事,也曾是谷歌中国的创始成员之一。欧酷网虽然规模小,但其在国内市场的美誉度和服务体系正是兰亭集势这家纯外贸 B2C 网站所没有的,要想寻求内贸市场的突破,欧酷网对兰亭集势是非常有帮助的。双方没有披露交易的细节,不过据业内人士估计,收购金额大约在 1000 万美元。

事实证明,黄峥卖掉欧酷网的决定是非常聪明的,这一穿透事物本质止损套现的做法,和早年腾讯马化腾短期混迹深圳华强北自觉拼不过中专生一样,是放弃自己不擅长的领域回归到自己优势领域的明智选择。B2C 在早期的野蛮生长阶段,拼的是营销思维,技术驱动的属性不强,这使得欧酷无法发挥核心优势。

另一家公司后来的发展轨迹也验证了这一点。当时上海还有家叫"易迅"的公司,与欧酷网的定位非常类似,后面的故事是,腾讯控股易迅,狙击京东,再后来易迅作为嫁妆,腾讯入股京东。

创业绝非易事。阿里巴巴创始人马云 4 次创业失败,京东刘强东创业期间曾一夜白头。这些叱咤风云的大佬都经历过这样的惨况,就足以证明创业这件事肯定不是一朝一夕能够成功的。

---

[1] 引自《解密拼好货:8 个月从 0 到 100 万单》,李志刚,"新经济 100 人",2016 年 3 月。

10年前,黄峥主动选择不与刘强东争锋,然而10年后,黄峥再次创业的拼多多却将京东甩在了身后。

历史总在不断的轮回中,重现戏剧性的精彩。

从欧酷网开始,黄峥开启了自己的连续创业之旅。这一切,皆源于他有一颗不安分的心。

很多过来人都会告诉后来者,创业从来都不是一条容易的路,哪怕你很有天赋,哪怕你非常出色,但是这些都远远不够。能让创业者坚持下去的原动力,除了事业的召唤、金钱的吸引,更多的还是内心深处的不安分。

或许,这种不安分正是企业家精神的源头。如果对当下无欲无求,对未来无忧无惧,又何必费心费力?

再度创业，这次门槛更低！

黄峥的第一次激情创业就这样匆匆落下了序幕，但他创业的脚步没有因此停下。他依旧扎根在电商行业。

在欧酷网的收购还没完成之前，黄峥就带着创业团队创办了一家新的公司，名叫乐其（Leqee），核心成员都是欧酷网的原班人马。

黄峥曾经说：

> 对于拼多多而言，最重要的资产是"人"。[1]

黄峥创业的底气正在于有一帮靠谱的人一直跟随着他，与他并肩作战。这群人都有着很好的学历，不乏常青藤名校毕业生和国际奥赛奖牌得主，之前也多在相当不错的外企工作，却愿意跟着黄峥"折腾"。他们还给自己起了个名字——"乐其"，"乐在其中"的意思。

自然而然，黄峥的第二次创业，段永平也提供了不少帮助。乐其公司于2009年4月创立，到8月份就已经拿下了三家大客户——欧酷、步步高、OPPO。段永平对黄峥的支持可谓竭尽全力，无怪乎有业内

---

[1] 引自"黄峥在财报电话会议上的讲话"，2020年3月11日。

人士曾感慨："段永平对黄峥的支持，岂止是一位前辈对后辈的支持，连很多创一代对自己儿子的扶持，都没有这么尽心。"

这次创业，黄峥选择的是门槛更低的行业——电商代运营业务。乐其公司的主要业务是为企业品牌提供包括网站建设、网络品牌定位、电商视觉、运营策划、IT设施搭建、数据服务以及客户服务、会员管理、仓储物流等一站式托管服务，主要服务对象是京东、淘宝等，业务覆盖营销、运营、咨询、供应链、仓储物流等环节。在度过步步高扶持的最初阶段后，乐其后来又拓展了其他大客户，代运营的品类向母婴类产品集中，如纸尿裤、奶粉等。

虽然他们的团队刚开始时只有十几个人，但在做了几单业务后，黄峥却非常大胆地定下大方向——将乐其的目标客户锁定为世界500强企业。这群不知深浅的年轻人，带着非常华丽的个人简历和非常资浅的公司履历，一家一家去拜访那些500强企业。两者之间强烈的反差，甚至让这些大公司都觉得他们是否别有所图。

顾娉娉2007年加入欧酷网做工程师，后来在乐其代运营公司里做招商。黄峥说不要谈小客户，顾娉娉半年没有产出，因为没资源、没积累，又完全不懂商务合作。谈下第一个客户之后，就顺利多了。

得益于在经营欧酷网时他们积累的丰富电商经验，以及他们光鲜的跨国背景，经过一番努力，他们拿下了不少500强企业的单子，拜耳、金佰利、亨氏等都成了他们的客户。

当然，他们也用自己的硬实力证明了这些500强的选择是对的。比如，在乐其的运营下，2015年"双十一"期间，"好奇"在不到1个月的时间里开启官方海外旗舰店，并最终拿到成交额位列天猫国际旗舰店商家第5位的好成绩，摘得跨境母婴第一品牌。

跨境市场首先要克服的就是来自本土市场的水土不服，原本"好奇"铂金装在海淘市场热度较低，离日系主打产品还有一定距离，乐其针对性地进行了充分的消费者沟通和品牌推广,第一次通过跨境模式引入韩国原装进口铂金装,完成"金佰利"品牌跨境新的贸易模式。

"好奇"的成功案例证明,无论是供应链能力还是营销策划能力,乐其都堪比 4A 公司,正因为如此,越来越多的知名品牌选择乐其作为自己的运营商。只用了半年的时间,乐其就发展成当时淘宝系统最大的分销商,并挤进了电商服务这个细分领域的行业前三。

在接受专访时,黄峥曾分享过自己管理团队的感悟:

> 如何将一群人建立成一个靠谱的集体,并且持续维持着一个靠谱的公司,最重要的是有一个好的企业文化。而这个好的文化,由谁创建呢,就在于创始的一些人。能不能树立起一个好的文化价值观,决定着团队能走多远,走向什么高度。

因此,在乐其公司,黄峥仍然把"本分"的价值观,放在企业文化的核心位置。坊间流传的一个小故事可供佐证:

当时,乐其的一个大客户向黄峥索要回扣,如果不给,就不把订单给他。这家客户的业务占当时乐其总销售额的 60%,如果黄峥不满足其要求的话,乐其的半壁江山就垮了。

因为此事,黄峥苦恼不已,甚至还曾向丁磊吐槽。丁磊听了之后,义愤填膺地说:"要不要我帮你打抱不平?"黄峥想了想,拒绝了丁磊的好意,决定自己来处理。

最终,黄峥还是拒绝了那个客户的不合理要求。恼羞成怒的客户终止了与乐其公司的合作,黄峥咬着牙承受了 60% 的营业额损失。

但在黄峥看来,虽然蒙受了巨大的损失,但这样做是值得的,后来他说:

> 刚创业,如果做了这件事,就没法规模化了。在那种情况下你都不行贿,大家都会意识到你来真的,你省掉了很多后续成本,就像打了一场仗,一定程度维持了多年的稳定。[1]

他坚信:

> 诚信在国内会成为企业的核心竞争力,一家讲诚信的公司经营时间越长,建筑的壁垒就越高,对内也会积累起一帮很好的人。

这样的故事在乐其的发展过程中并不鲜见。做电商代运营,可谓两头求人,一头品牌商,一头电商平台,左右都是甲方,这显然不符合黄峥的长期规划。

乐其创立3年,已经发展成淘宝的"金牌淘拍档",团队从十几个人增长到一百多人,年销售额过亿,利润超过1000万元,处于上升势头。但黄峥并不满意,他的解释是:

> 创业就像进城打工要活下去,可以洗碗,但不代表以后还洗碗。

黄峥是个不折不扣的实用主义者,从这句话中我们就可以窥见其"实用"的内核:虽然不太看得上"洗碗",但只要"洗碗"有价值,洗一洗也无妨,以后可能会改变,但不论如何,先走着看看。

---

[1] 引自《解密黄峥初期创业:不能赢得的战争,我就不应该打》,新浪新闻,2019年6月。

种下未来的"游戏基因"

虽然乐其公司的发展势头与欧酷网相比要迅猛得多,但在黄峥看来,这个速度还是太慢太慢。

他仍不满足。

2013年,在运营乐其公司的同时,黄峥又抽调了一部分核心人员,成立了一家主要针对海外市场进行网页游戏和手机游戏研发与发行的新公司。很快,这家名为上海寻梦公司的公司就孵化了第三个创业项目——寻梦游戏。这是一款在微信平台上提供角色扮演的游戏。

当时,在中国做游戏可谓赶上了好时候。网易创始人丁磊就是因为做游戏产品在2003年坐上了中国首富的位置,网易也因为游戏这个最大的盈利点而成为中国唯一一家20年里每年资本回报率超过20%的互联网公司。

黄峥做游戏,或许是因为受到了他的朋友丁磊的影响。他从网易的蓬勃发展看到了游戏行业的无限潜力,也想从游戏行业分一杯羹。

经过长达2年的构思和1年的调研,寻梦游戏终于上线了。黄峥曾这样评价这款游戏:"这款游戏也给团队带来了很大的幸福感,因为这款游戏就是你构建的世界,还有很多人喜欢它。"

不出他们所料,这款游戏刚一上线就备受网民的欢迎,只运营了1年的时间就开始赚钱,并在很短的时间里就成为他们最赚钱的业务。到2015年5月,寻梦已经做到净利润每月100万美元,净利润率40%。这之后,寻梦公司又推出了多款游戏。正是靠着这些游戏,黄峥实现了团队和资金的快速积累。

我们不知道黄峥在做游戏公司的时候，是如何平衡本分和赚钱之间的关系的。因为游戏公司的赚钱逻辑，与他前两次创业时的电商网站及电商代运营公司都大为不同：欧酷网与乐其公司，都是通过帮客户省钱，或帮客户买到更好的东西，从中获取自己的合理报酬。而游戏，则要靠各种精巧的设计让人上瘾，让人沉迷于其中，才能赚到钱。

后来在接受《财经》记者采访的时候，当被问到"为什么会去做电商代运营公司和游戏公司"这个问题时，黄峥的回答是：

> 因为我还没有进化到可以做完全不赚钱的事。未来我希望可以做不赚钱的科研，但做商业不去赚钱，我觉得是不道德的，应该按照商业的逻辑去做一个本分的商人。[1]

这次创业，为黄峥后来创立的拼多多种下了"游戏基因"，后来，在拼多多平台上也植入了很多游戏基因。从种菜偷水到养猪挖矿，一切可以留住用户、激发用户的游戏手段都被用在了拼多多上。这种游戏基因帮助拼多多在过去的几年中飞速成长。

而且，从某种程度上来说，这家完全与电商行业没有任何关联的公司，也帮助黄峥练就了抓住用户心智的能力。正因为有了寻梦的"练手"，他才具备了在红海中重新定义用户需求、定义市场竞争、定义对手、定义差异化的能力，走出了不寻常的道路，这也为接下来他发力拼好货奠定了坚实的基础。

不过，有趣的是，黄峥本人却从来不玩游戏，他说自己只是"研究游戏"。

---

[1]引自《拼多多为何爆红？创始人分享了这20个机密！成功的捷径》，宋玮、房宫一柳，《财经》，2018年4月。

第四章

捕捉机遇,抓住社交电商的风口

黄峥是最早提"社交电商"的人,也是最早开始讲述微信流量红利的创业者,正是他的产品观和洞察力,让拼多多在别人都没反应过来的时候率先狂奔了两三年,把那些后来者远远地甩在了后面。

病中悟道：社交电商正当时

黄峥33岁前的人生可谓一路顺遂，然而，在33岁那年，就在寻梦不断发展壮大时，他却遇到了一个不小的"拦路虎"——中耳炎。

2013年底，黄峥坐飞机去中国台湾，在飞机上他突然感觉头晕眼花，耳鸣不止。经过医生诊断，他得了中耳炎。这个病可大可小，严重的也可以导致晕厥和听力丧失，甚至危及生命。

那段时间，黄峥一直耳鸣，晚上睡觉都成了难题，他不得不暂时放下手里的所有工作，回家安静休养。一个一直努力向前奔跑的人突然停下脚步，往往会陷入迷茫之中，黄峥也不例外，他说："曾经我呆在家里好几个月，我变得懒惰，就这样我在家里待了一整年时间，用大量的时间思考我应当做些什么。我在想以后是继续创业，还是做投资？"

一开始，他想开一家医院，因为治疗中耳炎的过程太痛苦了。那几个月，他把有名的耳鼻喉科大夫几乎都看了个遍，但越深入研究，他越觉得"好医院远不如吃得好靠谱"。他也想过像他的人生导师段永平一样去美国搞投资，甚至计划着成立一个对冲基金。但他总觉得，自己才33岁，现在退休实在是太早了，而他内心还有一些野心：

> 自己还有一些野心，还有一些能力和能量没有释放，隐约觉

得当前的机会有可能让自己做出一个影响面更大,自己成就感更强的事。[1]

那段时间,他对人生的思考也更多一些,他经常想:到底什么才是人生的意义?我未来究竟要干什么?

渐渐地,他有了一个很深的领悟:"人活着,最重要的是追求自身的幸福。"后来,在他的个人微信公众号上,他是这样解释的:

> 我发现两个事情对我是能带来深层次的幸福感的:第一件事就是很深度地和一帮自己喜欢的小伙伴一起披荆斩棘创造一个什么东西,这个过程对我确实是有幸福感的,一起欢笑流眼泪,一起渡过难关,团队的感觉,和家庭的感觉是一样的,我觉得我享受这个过程,并且我期待大家能够有个美满的未来,这个是一方面。
>
> 另外一方面是说,对拼好货这件事情来讲,我是希望能够做一件跟原来相比社会影响力更大一些,就是说对自己有用,对别人也有用,就是一定程度上能够促进良币驱逐劣币的发生,以前跟我们同事举过例子,三聚氰胺为什么会出现?它其实本质上是一个消费者倒逼的过程,它是劣币驱逐良币,就是说因为其实一开始这些奶制品厂一定有很多不用三聚氰胺,但是那些都死了。[2]

---

[1] 引自《再见,黄峥!》,智库君,《首席商业智库》,2020年9月。
[2] 引自《为什么要再次创业》,黄峥个人微信公众号,2016年3月20日。

这就是黄峥的野心，也是他心中的情怀——促进良币驱逐劣币的发生。

就在黄峥养病期间，国内的移动互联网战场已经是硝烟四起。

2014年，滴滴打车和快的打车的红包大战愈演愈烈，一度达到癫狂状态，双方在半年的时间里"烧"掉了20多亿元人民币现金，令人瞠目结舌。而另一边，在社交领域呼风唤雨的腾讯，在电商路上始终"郁郁不得志"，无奈之下，腾讯断臂砍掉自营电商业务，斥资2.5亿美元入股京东，一举改变了国内电商的市场格局。京东与阿里巴巴前后上市，成为国内电商行业两大龙头。

除了电商行业，以微信为代表的社交平台流量也进入了高速发展阶段。2014年8月，中国互联网络信息中心发布《2013-2014年中国移动互联网调查研究报告》。报告显示，截至2014年6月，我国手机网民规模为5.27亿，在整体网民中占比达83.4%。这意味着，社交平台还有非常广阔的发展空间。

面对这块在当时还未完全发掘的"蓝海"，很多人开始摩拳擦掌，黄峥也是其中一个。他敏锐地发现，虽然微博、快手这些社交平台流量巨大，然而却没有一个对应的商业模式。

他琢磨良久，最终把目光对准社交电商，他坚信：社交电商正当时！

黄峥对于未来创业项目的最早构思，来自某次旅行中他脑海中突然冒出来的一个灵感：21世纪的前10年，谷歌和Facebook无疑是最成功的两家互联网企业，也代表了两种不同的商业模式。淘宝本质上和谷歌差不多，都是靠广告挣钱，依托海量用户，向商家贩卖流量盈利。照此类推，是不是也会出现电商中的Facebook？Facebook的本质是社交网络，每个人都是个性化的存在，每个人在将自己个性化的同时，也为原创或转发的信息打上了人格化的标签。实际上，现在兴起的"网红经济",通过网红来销售商品的套路,已经有了一点社交的属性。但是,这还更像是大 V 云集的"微博模式",而非更强调平等的 Facebook 模式。

经过一番调研,黄峥发现,当时还没有哪家电商称得上是 Facebook 模式,虽然他也不清楚 Facebook 式的电商应该是什么样。但他相信,这一定会有巨大的潜力:"目前电商版谷歌(阿里巴巴)已成为亚洲市值最高的互联网公司,那电商版的 Facebook 又该会有怎样的将来?"

在他看来,伴随着微信生态释放的巨大红利,电商的社交化已经成为一大趋势。不同于以商品为中心的传统电商,社交电商是以人为中心的,依托的是社交圈的信用,通过用户分享传播等行为形成口碑效应,从而激发消费需求。过去的传统电商提供了商品展示及支付平台,解决了用户在线上购物及支付的需求,而社交电商通过场景化的展示有效影响了用户做出购买决策的过程,提升了用户的购买欲。这不但能把产品介绍得更加真实可信,在不断沉淀老客户的同时也能快速裂变新客户,实现社交裂变的病毒式传播。在社交电商中,消费者扮演的不仅是买家的角色,同样也是商品分享者,每个分享者形成一个节点,影响周围的群体,从而逐渐形成节点型的网络结构,完成对流量的"开采"。

不过,虽然早在 2013 年底,社交电商的初级阶段微商就已经活跃在社交平台中,不少全职或兼职的微商总会在社交平台大量刷屏,主要内容都是产品和招代理相关的信息。但是因为产品品牌单一、产品几乎不存在更新迭代,再加上产品消费频次不高等问题,导致产品大量囤货在渠道中,真正到达消费终端客户的产品数量非常有限。如此一来,微商从业者的基本利益逻辑已经不是通过售卖产品赚取利润,而是通过发展线下代理获得返佣金,整个产业链陷入恶性循环。用黄峥的话说，这些"存在的微商，很容易变成网络传销"。

此时，如果能有一个产品，恰到好处地解决这个问题，一定大有可为！

经过一番分析后，黄峥坚定了自己的看法：作为后电商时代的"新物种"，在不久后的未来，社交电商一定会成为新的风口。意识到这是一个巨大的机会，黄峥无法再淡定：

> 如果方向是对的，那么首先应该做的就是跳入这股洪流。就像当年邓小平视察南方之后，很多人都云集深圳，虽然他们并不知道机会在哪，但是他们知道，机会就在附近。[1]

只有站上风口，才能起飞！黄峥毅然决定：再次踏上创业之路。

---

[1] 引自《拼多多黄峥：离开 Google，如何打造电商版的 Facebook》，搜狐新闻，2016 年 9 月。

突围！目标：生鲜电商

"第一步是做正确的事，很多人对是不是能长期创造价值的事思考不够；第二步是把事情做正确。"这是段永平经常对黄峥说的一句话，黄峥一直十分赞同。他也曾说：

> 要花大量时间去研究什么是正确的事，然后再去想如何把事做正确。在正确的方向上逐步前进远比在不正确的方向上狂奔要好。[1]

因此，黄峥花了很长时间来研究切入社交电商的第一步，在他看来，往正确的方向走，哪怕慢一点也能抵达终点；如果方向错误了，有可能跑得越快，就死得越快。

2014年年底，黄峥看了中央电视台关于"双十一"的采访，他一下子想清楚自己要干什么了。

当时记者采访一位70多岁的老太太，她说了一句令人深思的话："什么是幸福？幸福就是扩大自由的选择度。"这句话让黄峥一下子醍醐灌顶。他想，如果没有消费渠道的扩充，老百姓们的购物范围极

---

[1] 引自《如创业的投资和如投资的创业》，黄峥个人微信公众号，2016年4月。

度受限，城市居民们只能在家附近的卖场买东西，农村消费者只能在集市里消费，那么他们可选择的目标也一定是受限的，消费升级很难推动。反过来从供给侧看，如果工厂只能给商超渠道供货，显然也不利于其长期发展。因此，消费渠道的合理丰富，是消费升级的重要特征之一。

黄峥觉得，他已经找到了那件"能长期创造价值的正确的事"。

此时电商市场已是一片红海，怎么才能在红海中突围呢？黄峥打算以水果这个细分业态作为切入口，涉猎生鲜电商领域。

2015年5月，寻梦发展如火如荼时，黄峥把顾娉娉调过来做正在酝酿阶段的拼好货项目的负责人。黄峥对他说："这可能是最后一次创业。"

这一时期，国内的生鲜电商已经形成了各个"派系"：阿里系（含易果）、京东（含天天果园）、亚马逊（含美味七七）、中粮集团我买网、顺丰快递旗下顺丰优选、光明集团所属的都市菜园等，还有一些其他的垂直电商。要想在如林的高手中脱颖而出，被消费者看到，不是一件容易的事。

黄峥决定独辟蹊径。他最终找到的打法就是现在广为流行的"拼团"。在传统的电商购物体验中，价格通常都是一口价，整个购物过程中，也不需要其他人的参与，消费者只需要自己完成挑选、购买、付费、收货的整个流程。就算有砍价、讲价的余地，参与者也只是商家客服和消费者本人而已。然而，拼好货的"拼团"，却是完全不同的模式。在拼好货平台上的所有商品，用户都可以通过开团或参团的方式，在达到一定人数要求后，用比原价更低廉的价格购买相同的商品。一次购物的过程，参与者不只有商家和消费者本人，还有消费者的亲人、朋友、同事、邻居……

在接受"新经济100人"采访时，黄峥曾讲过拼好货这种拼团的方式是如何诞生的：

> 在 PC 端，所有的信息聚合在一个中心点——搜索网站上，谷歌和百度由此垄断流量，获得了高额的利润，百度把所有电商的利润给榨干了。但是在移动端，互联网的信息传播方式变了，社交网络里人与人的接触越来越容易，相反，通过搜索来寻找同质化的一群人是不靠谱的，如何利用人和人之间的关系触发传播，这是我们琢磨的，最终我们想到了拼团的方式：拼好货告诉你有一款性价比高、好吃的水果，如果你凑满 3 个人或者 5 个人，就能买下它。[1]
>
> 消费者想买到便宜的东西，要做出一点事情来，如果消费者什么都不做，就卖便宜的东西，不可能具备成本优势。拼好货 30% 的成本优势来自于消费者做了一些事情，帮助拼好货节省了成本。社会上有些人不知道自己想要什么，可能很有钱，潜意识里依赖别人给他推荐或者暗示，他知道周围亲戚喜欢买什么，就什么最好。以前缺乏沟通场景，现在就构建了沟通场景，不仅能吸引新用户，还能激发老用户的消费。

其实，"拼团"并非黄峥的首创，在这之前，京东、唯品会和蘑菇街都曾经尝试过类似的模式。然而，在它们的尝试中，这种拼团模式并没有被重视，只是用来刷销量和成交额的一个手段。只有黄峥和他的团队看出了这种模式的特殊性。在黄峥手里，获得低价产品链接、通过朋友圈分享给亲朋好友、亲友熟人加入拼团、获得全网最低价商

---

[1] 引自《解密拼好货：8 个月从 0 到 100 万单》，李志刚，"新经济 100 人"，2016 年 3 月。

品的过程，是运行了人的逻辑，而非机器的逻辑。占便宜是人类的天性，更何况是全家总动员，一起占便宜？

2015年4月，拼好货微信公众号正式上线。他们通过这个微信服务号发布水果拼团的消息，然后通过社群把信息病毒式地扩散出去。等客户凑够成团人数下单后，拼好货团队再去采购水果发货。之后服务号分为华南、华北、华东等七个大区的服务号，为不同地区的用户提供针对性的商品。

黄峥希望拼好货走"品质电商"路线，目标用户是白领群体，但广告很难吸引到这部分人群。所以他希望可以用人推荐人的方式，把白领们给找出来。在移动端上，微信的使用频率很高，所以想借助这个稳健的基础设施，聚焦目标用户群体。最初，没有用户，黄峥就发动公司1000多名员工以及他们的亲朋好友们转发，又花了几万元找杭州本地的微信公众号发文章，导来用户，每个用户的成本是2元钱。因为团购水果的价钱非常低，迅速吸引了第一批种子用户。

把那些新鲜的、瓜熟落地的水果通过拼团的形式，用大量的人群订单压低价格，吸引更多人参与，如此人传人，让更多的人吃到自然熟的、用药少的或者不用药的这些好水果，而驱逐掉那些不是自然熟的、进冻库的劣质水果。黄峥觉得这是一件有社会价值的事情，是在为社会做贡献。

在发展初期，通过微信服务号快速上线、积累用户是明智的选择。但是最终还是要有独立的App，顾娉娉观察过，老年人使用微信公众号不易操作，需要经过三个步骤，而App的操作就相对简单，只需要一个步骤就行，不管年龄多大都能轻松使用。没有App，生意肯定做不大。因此，黄峥又让团队紧急开发了拼好货App。2015年7月，拼好货App上线，9月登上App Store免费排行榜第一，用户数突破1000万。

在拼好货运营初期，也遇到用户、合作伙伴的信任度问题。但黄峥认为:"关键是一致性的问题,只要一直兑现自己的承诺,然后会有越来越多的人相信你,当相信你的人数量到一个量级之后,大家都会默认去相信你。"[1]

拼好货的发展速度超乎黄峥的想象:从 2015 年 4 月 10 日上线,到 2015 年 5 月 1 日已经累计成交 5000 单,五一小长假之后则达到了日均订单 1 万单。1 个多月后,拼好货的成交量已经超过 10 万单,第 2 个月用户复购率更是达到了 25% 到 30%。只用了 4 个月的时间,拼好货的活跃用户就超过了 1000 万,每天的订单量超过 100 万。

黄峥把顾娉娉从寻梦调来做电商的时候,顾娉娉并不情愿,在做欧酷的时候他就觉得国内 B2C 水太深,让他"很受伤"。当时,他对拼好货的前景也不太看好,他对黄峥说,欧酷每天卖 100 单手机就觉得很开心了,拼好货一天能做 3000 单就挺不容易的,10000 单很难。但没想到,拼好货的成交量一路飙升,令他大跌眼镜。

在"新经济 100 人"论坛上,李志刚问顾娉娉:"有些 B2C 生鲜电商做了多年,日均订单 10000 单到 30000 单,你们 8 个月能冲到 100 万单,为什么?"

顾娉娉总结道:"因为社交红利,现在社交红利很高,就像此前手游爆发的时候,只要是手游就有人玩,就有钱挣。现在还是社交网络的红利期,拼好货的模式相对比较容易被消费者发现。"

的确,拼好货的成功就在于抓住了社交红利。而这源于黄峥的敏锐和野心。黄峥是最早提"社交电商"的人,也是最早开始讲述微信流量红利的创业者,正是他的产品观和洞察力,让拼多多在别人都没反应过来的时候率先狂奔了两三年,把那些后来者远远地甩在了后面。

---

[1] 引自《一个"拼团"直接刺激上百万订单,"电商异数"拼好货如何做到的?》,iSeed 专题报道,2016 年 1 月。

从20万单跌到2万单的教训

拼好货的发展速度远超黄峥的想象,快速而疯狂的"野蛮生长",渐渐让业务的发展脱离了他的掌控。

很快,那根压倒骆驼的最后一根稻草就出现了。

2015年6月份,荔枝上市,趁着这个机会,拼好货推出了一次荔枝团购活动。因为价格便宜,再加上微信的"病毒式"传播,这次团购活动火爆异常,订单一下子就从一天几万单增加到一天20万单。

从零开始,只用了短短两个月的时间,日成交额就突破20万单,这在当时的中国电商行业是前所未有的发展速度。

然而,福兮祸之所倚,巨大的成功给拼好货带来的却不是巨大的收益,而是一场巨大的危机。

当时拼好货的团队采用的是自营模式,接到订单后自己买货、自己发货,效率很低。而且,当时拼好货只在嘉兴设仓,仓库的承受能力是有限的。因此,20万单的日成交额,对于一个小团队来说,根本吃不下来!

当时,拼好货的正常发货能力是每天两三万单,如果全员投入,24小时连轴转,发单峰值可以做到7万单。但现在一下子来了20万单,3倍于最高发单能力,瞬间就把仓储挤爆了。

即便如此,拼好货的业务团队还是没有意识到问题的严重性。沉浸在订单量暴增惊喜之中的工作人员，仍然在兴高采烈地大促销，一直到第三天中午，他们才恍然大悟，停止接收新的订单。但此时积压的订单已经高达40多万，到了根本无法处理的程度。

为了把量做上去，拼好货团队没有叫停交易、给用户退款，而是告诉用户，会延迟发货。正是这个错误的决策，使拼好货走向了危险的边缘：订单延时，发不出货，退不了货也退不了款，大量的水果烂掉……各种各样的问题不断爆发，铺天盖地的负面消息接踵而来。

为了解决这个问题，上海团队所有人，甚至包括乐其公司的人都被调到嘉兴仓库去帮忙，但也只是杯水车薪，根本无济于事。

如果把这个事件换成从客户的角度来看，就知道问题有多么严重：客户在拼好货下单团购了荔枝，商家却迟迟都不发货；打客服电话催单，电话却一直无人接听；过了很久终于收到货了，里面的荔枝早就烂透了，根本没法吃；生气之下想退款，却遭遇系统卡死，怎么也退不了……一时之间，"拼好货是骗子"的声音，在各个微信群里流传开来。拼好货的日订单量，从20多万单急剧下降到2万单。[1]

面对如此的窘境，黄峥心急如焚，他亲自跑到嘉兴仓库督战，还紧急把乐其的CEO丁力抽调到拼好货来，让他来带领大家打好这一仗。

丁力认识到拼好货的短板在于物流，他半夜和黄峥通了个电话，半小时就下定决心全力做拼好货物流。后来，在接受李志刚采访的时候，丁力说："这事一出我觉得没办法了，一定要有人搞（物流），再不搞拼好货可能会出更大的问题。一来火烧眉毛，二来大家合伙创业，事情做出来才是最重要的，至于怎么分工都是次要的，哪怕需要

---

[1] 引自《黄峥四十》，何加盐，"创事记"微信公众号，2020年8月。

一些人有妥协有牺牲，都是难免。"[1]

丁力赶到嘉兴的时候，当时的物流负责人拉着他的手差点哭出声来了，连连感慨真是太不容易了，这一星期不知道是怎么熬过来的！

丁力紧急采取行动，他让拼好货的所有技术人员都到仓库去，现场开发软件，提高发货效率。拼好货的发货模式与乐其不一样，乐其是拣货，很多商品放在货架上，拿着订货单一一去对。拼好货做的爆款荔枝货是一样的，地址不一样，批量发货，因此，系统必须重新研发。

与此同时，丁力还从嘉兴大量招募临时工，当时几乎整个嘉兴的闲散人员都到这里来发货，还是不够。丁力又雇了好几辆大巴，从上海拉人过来。

当时正好马上就要到端午节了，为了发荔枝，仓库将粽子停发三天。仓库的工作人员心里也打鼓：仓库接五芳斋的粽子订单量一天几万单，从来没见过这么大的单量，拼好货会不会做一票就走人？这么多新面孔，是不是江湖骗子？丁力告诉他们是乐其的，仓库那边就心里有数了。

废寝忘食地奋斗了一周多的时间，积压的订单终于处理完了。

据李志刚的报道，在订单终于全部处理完之后，黄峥带着团队来到嘉兴的仓库里，把在场的人召集起来，一边蹲着吃盒饭，一边开总结会。第一位同事站起来就哭了，这位男生负责前端运营，他说："第一，对不起大家，没有做好预估。第二，对不起用户，荔枝都烂掉了。第三，没有及时踩刹车，促销持续了3天，到第三天上午才踩刹车。"

黄峥没有责怪他，也没追溯任何人的责任，更没处分谁。他告诉员工们，这件事的主要责任在他身上。同时他还鼓励大家：

---

[1]引自《解密拼好货：8个月从0到100万单》，李志刚，"新经济100人"，2016年3月。

这件事的正面意义远大于负面意义，它让我们相信我们真的能冲到这个量，模式是靠谱的，只缺运转能力。只要运转能力搞好，能快速撑起规模，我们还会重新回到20万单、50万单，甚至突破100万单。

危机虽然让人措手不及，但也让黄峥兴奋不已，因为订单暴涨，证明了拼好货的模式是通的。事实证明，他终于探索出了一条独一无二的社交电商之路，其带有"病毒传播"效应的用户裂变方式，给电商的天花板预留了无穷的想象空间！

一年后接受李志刚采访时，黄峥说："做到每天20万单，是超出我的预料的，我原来不知道我们具有这个能力。但是做到每天100万单，是在预料之中的，因为我们已经知道自己能做到100万单。"

从20万单跌到2万单，这个惨痛的事件带给黄峥的血泪教训是供应链很重要。

这之后，物流的巨大作用得到了充分重视，黄峥开始全力加强后台运转能力建设。丁力全面接手拼好货物流的建设，他花了1个月的时间让嘉兴的仓库恢复正常运转，又花了2个月开了10个仓库，多数仓库在1个月内搞定，控制在3周以内敲定选址到投产。到2015年8月底，拼多多已经拥有了6个区域中心。到现在为止，拼好货在全国20多个城市设仓。

至此，拼好货的仓储体系终于得以完善。与京东的仓储体系不同，拼好货的仓储体系属于快速流通，通过预测系统，拼好货提前两天采购，用户下订单的时候，水果正在从产区到仓库的路上。运水果来的汽车停在仓库前，这头卸货，那头就分解包装，5、6个小时后水果分拣配送出去，基本是次日达。也就是说，一个水果在仓库的停留时间大概几个小时，不会超过半天。从理论上来说，黄峥希望的是水果永远在路上，不需入库。当然有时拼好货预测得不是那么准，甚至会出现订单量超过采购量，黄峥吸取了教训，一超量就下架，已经收到的钱退掉。

黄峥打造的这条超短供应链，不但使拼好货平台上的水果品质得到了有效保证，为拼好货赢得了好口碑，还极大提高了用户的购买体验。

物流的瓶颈得到解决之后，拼好货开始驶入快车道，几个月后，活跃用户数就突破了千万。在中国互联网的发展史上，用这么短的时间达到千万活跃用户的电商公司可谓凤毛麟角。

"如果这么容易被拷贝,我早就挂了"

"只要选对了赛道,持续不断地'滚雪球',就会得到越来越不可估量的回报。"这是段永平从股神巴菲特那里学来的投资法则,也是他传授给黄峥的至理名言。在运营拼好货的过程中,黄峥完全践行了这句话。

解决物流难题后,黄峥开始在另一个重要环节上下功夫——采购。

孙沁是拼好货的采购负责人,之前在阿里巴巴做运营,业务能力很强。他也是乐其的核心团队成员之一,经历了乐其逐渐壮大的整个过程。他在乐其做的是商务拓展,刚开始,他去其他公司谈业务,对方往往会把他从头到脚打量一遍:乐其?没听说过。反而对他过去在阿里巴巴的工作经历更感兴趣。又过了一段时间,他再去拜访客户,对方说:乐其啊,听说给谁做的电商挺好的。这种从不为人知到被人所关注的感觉,让孙沁非常享受,他最骄傲的就是通过自己的努力使平台获得了发展。

做寻梦公司时,黄峥把孙沁这个得力干将也调了过去,让他负责海外市场的开拓。在这个项目上,孙沁表现得也很出色。有一次,他去越南开拓市场,因为不懂越南语,英语也不太擅长,于是就从网上找了一位翻译陪同。他的同事嘲笑他:"我是个女孩子,去越南都自己去,你还找翻译?"孙沁想了想,也觉得不甘心,决定自己先过去,实在不行就叫翻译飞过来。结果,在当地他发现越南人的英语比自己还差,一下子信心大涨。"你有没有勇气克服你内心的恐惧,这是最重要的。"[1]

拼好货成立之后,黄峥让孙沁负责采购。孙沁从来没做过采购,只好从头学起。一开始他在水果市场拿货,结果发现水果不太新鲜,品质也不够好,于是他就开始跑产地,从国内的水果产地一路跑到国外去。因为有了在寻梦的经历,很多看起来难的事情做起来没那么难。

从在水果市场拿货转向产地采购,拼好货获得的是结构性优势。在接受"新经济100人"访谈时,黄峥是这样解释这种优势的:

> 这样水果品质更好、自然熟,不需要提前一个月采摘放在冷库,同时,采购成本要更低。三聚氰胺事件的发生,核心是农户如果不加三聚氰胺,他就得不到好处,因为整个产业链在逻辑上是劣币驱逐良币,不鼓励优质,因此如何从产业链的竞争逻辑上鼓励优质,是拼好货采购的关键。即要让上游好转起来,让自然熟的水果卖出更高价,在商业逻辑上走向正循环。[2]

当然,到产地采购,难度远远大于到水果市场拿货。每到水果上市的季节,孙沁就成了"空中飞人",马不停蹄地奔波于各个水果产区。有一次,他从上海直飞攀枝花再赶到会理看石榴,又在当地获得盐源苹果的信息,从西昌租车开了200多公里到盐源,中间遇到泥石流把

---

[1] 引自《解密拼好货:8个月从0到100万单》,李志刚,"新经济100人",2016年3月。
[2] 引自《拼多多:极简规则,创造无穷价值》,闫伟峰,《国际融资》2020年第8期,2020年8月。

路冲垮了。最多的时候,他和伙伴3天开1800公里,沿途探访产区。除了大型的水果产区以外,他们还发掘了一些个性化的生产商,比如在福建海边找到一块在沙地上种地瓜的,这块沙地原来在海面下,现在露出来了,沙子肥沃,种出来的地瓜是红心,特别甜。一年种两季,产量有几十万斤。

每到一个产区,他都会到各地批发商集中的小饭馆吃饭,与那里的人天南地北地聊,摸清楚当地合作社的信息,再一家家查看。在水果运输的过程中,损耗是每个做生鲜的电商公司头痛的难题。孙沁和合作社谈好,运输途中2%以内的损耗由拼好货承担,超过2%部分由合作社承担,因此合作社装箱必须要小心。在当地签合同,定箱定果。定箱,规定一箱多少个、多少斤。定果,规定每个水果的规格、外表要求等,石榴要求花皮(果皮上的斑驳花点)大小必须在两指宽以内。

中国的农业现代化现在还处于极度不均衡的状态中,有些地区果子摘下后农户可以做到自己清洗分级装箱,而有些地区农民用手掂量一下感觉重量差不多就直接装箱。有的合作社要求整棵树不管大小,只要果径在65毫米以上的苹果就必须要。孙沁就和他们商量,用更高的价格买走大的,那些小的由农户自己在当地处理。孙沁在会理采购石榴,拿钱给合作社让他们租场地带秤,首先挑选出花皮不超过两指宽的,再过秤分级,装箱的时候也严格按照规定来,将非标准化农产品做成相对标准的产品。原来合作社卖水果是统货,1元多1斤,按照拼好货的要求来,可以卖到2元多一斤,多出来的钱就是利润。这自然能激发农户的合作热情。

采购水果时,经常需要与当地农民打交道,信任很重要。为了让合作社相信他们,在签订合同、交付定金之后,孙沁会派一个人留在当地,作为抵押物。孙沁说:"不要去占农民的便宜,反而应该让他们占你的一点点小便宜,你贵个一毛两毛的,他们愿意做得更好。"

让农民占便宜这个思维方式,来源于拼好货的企业文化——诚信本分。黄峥说:

> 本分变成自己的文化,也是很强的核心竞争力,愿意占便宜的人多,这样和你合作的人也多了。做拼好货,在一些商品上,我们有了定价权,但本分就是只赚合理的利润,不能将局部的垄断优势放大,急于短期赚取利润。[1]

黄峥曾说,拼好货做的是"70分水果",水果店里10元3斤的橘子他们不做,这种是50分水果。100分水果他们也不做,可能一整个合作社只有10%的水果是100分,价格是70分水果的两三倍。原来生鲜电商在消费者心目中的印象是便宜、劣质,但拼好货却扭转了这个负面印象。线下的赣南脐橙流通周期是10天,拼好货是3到4天,树上直接摘下来的橙子,有股橙子的清香味,在超市里卖的橙子闻不到的。

与许多竞争对手有所不同,黄峥不喜欢讲励志故事,不塑造复杂的农业品牌,他希望拼好货能直击业务本质,卖好吃的和性价比高的水果。为此,他不遗余力地从源头采购,做好物流保障,完善最后一公里体验,从用户体验的视角,坚持用正确的方法做正确的事,始终如一。这就是黄峥的制胜逻辑。

2015年12月23日,拼好货获得了高榕投资与IDG两大投资方的千万美金级B轮融资。这是高榕资本自成立以来投资金额最高的一个项目,当时高榕资本创始合伙人张震不清楚黄峥要做什么,他看中

---

[1] 引自《解密拼好货:8个月从0到100万单》,李志刚,"新经济100人",2016年3月。

的是黄峥这个人,他认为:"黄峥有大格局,执行力又强。做事讲究谋略,审时度势,全局了然于心,节奏行云流水。很多人想模仿他,但可能连他真正想做什么都还没搞明白。"

拼好货的成功引来了无数效仿者,不到1年时间,几百家拷贝拼好货的公司如雨后春笋般冒了出来。但黄峥毫不在意:

> 如果有这么容易被拷贝,我早就挂了。一定程度上,别人模仿我是对我的赞扬。他们也在逼迫我们进步,供应链的积累需要时间和规模,不是简单抄一个皮就能跟上来的,前端产品的迭代也能形成品牌的规模效应,最终其他公司和拼好货的距离越来越远。

第五章

重新布局,在电商江湖中突围

低廉的价格,是拼多多的优势,也给了它挑战淘宝、京东的底气。而之所以能找到这样一个突破口,是因为黄峥洞察了人性。现代企业的竞争早就已经不只是商品本身的竞争,更是商业模式的竞争。低价的背后,是黄峥对人性的了然与理解。

拼多多问世

当拼好货一边跌跌撞撞、一边以前所未有的速度迅速成长之时，黄峥旗下寻梦游戏公司的 CEO 阿布开始坐不住了。

阿布与黄峥一样，也毕业于浙江大学，算是同门师兄弟。他不甘心做一个旁观者，于是找到黄峥，说这种拼单模式可以做成平台，并表示寻梦游戏公司愿意负责孵化新公司。

拼好货主要是由黄峥旗下的另一公司乐其孵化出来的，核心成员也是来自乐其，采用的是自己采购商品、自己发货的"自营模式"。在创立拼好货时，黄峥也曾经考虑过做平台，但是评估之后，他觉得风险太大，成功的可能性不高，于是选择了自营。

如今阿布提出了这样的想法，黄峥心中非常纠结。他不想打击阿布的积极性，因此没有马上否定这种想法。在管理上，他从来都不是一个独裁者，更习惯于激励下属多思考、有自己的观点，让他们拥有很高的自由度。他尊重阿布的想法，当然，更重要的是，他内心隐隐约约有一种感觉：这或许是一个能给时代和社会带来巨大影响的机会。

因此，经过一番思考与权衡之后，黄峥最终同意阿布另起炉灶。不过，他也提醒阿布，加入到这个战场，一定会面对激烈的竞争，要做好心理准备。

当然，他也做好了面对失败的准备，他问阿布："如果搞挂掉了，你回去再做 CEO 吗？"阿布说没问题。

说干就干！紧接着，阿布从寻梦游戏公司抽调了最核心的20名员工，开始投入到一个新的项目，并给这个项目取名为"拼多多"。

对当时已经算得上是功成名就的黄峥来说，这次创业无异于一场疯狂的冒险，但既然选择了，就只能往前冲了。那时的他不曾想到，一头超级独角兽马上就要诞生了。

2015年9月，拼多多正式上线。

虽然采用的是与拼好货一样的"拼单"方式，但与拼好货的自营模式不同的是，拼多多是一个允许供应商入驻、物流第三方合作的平台。这种平台模式是否能成功？在当时，一切都是未知数。

当顾娉娉被调到拼好货做运营负责人时，黄峥曾经告诉他，这可能是他最后一次创业。但不到半年之后，黄峥便踏上了新的征程。对于这种不甘于安逸的不安分，黄峥给出了这样的解释：

> 我觉得自己还是有一些野心，还是想做一些更牛逼的东西。
> 只要我们还有一点事业心的话，就理应追求更大的成功。[1]

或许，正是因为有披荆斩棘去创造的野心，黄峥才能不满足于眼前的安逸、不满足于稳定的未来，还能够在达到一个终点之后，本能地开始踏上新的征途，哪怕前途迷雾重重，哪怕海面波涛汹涌，也不以为惧。这种以苦为乐、乐在其中的纯粹，不只是企业家力量的来源，更是人类不断前进的动力。

超越现实，总要有一些乘风破浪的勇气；创新创业，总要有一股不破不立的心性。

---

[1] 引自《拼多多黄峥：离开Google，如何打造电商版的Facebook》，搜狐新闻，2016年9月。

目标不只是"五环外"

黄峥出生于一个家境很普通的家庭,拮据的生活给他烙下了很深的烙印,他曾说:

> 我妈到现在都舍不得打车,她会觉得时间又不值钱,太浪费了。这个对我一直有很大影响,包括影响我思考做商业,我脑子里一直都记着我爸妈这样的普通家庭,他们是怎么思考的,他们是怎么生活的。

这样的思考被用到了拼多多上。拼多多刚一问世,"低价"就成了它最显眼的标签。与京东、淘宝等传统电商不同的是,拼多多通过"低价+拼购"的模式,将薄利多销做到了极致。

1元钱的手机壳、只卖7.39元的台灯、16元10斤的苹果、9.9元包邮的卫生纸……拼多多的价格没有最低,只有更低。横幅、功能模块随处可见秒杀、免费、1元、低至、半价、1折、清仓、限量、放价、甩卖、限时等关键词。拼多多通过各种方式向用户传递其低价策略,并让消费者清楚地认识到,这正是拼多多区别于京东、淘宝、网易严选等其他购物平台之处。如同我们到了五星级酒店是要体验精品化和价格带来的附加服务,到了夜市就是要感受随心所欲无拘无束的放浪形骸。拼多多营造的氛围就是：不管你的钱包里是有几百上千，还是只有三毛五毛，都能在这里买到东西。

低廉的价格，是拼多多的优势，也给了它挑战淘宝、京东的底气。而之所以能找到这样一个突破口，是因为黄峥洞察了人性。现代企业的竞争早就已经不只是商品本身的竞争，更是商业模式的竞争。低价的背后，是黄峥对人性的了然与理解。

高榕资本的创始合伙人张震曾这样评价黄峥："黄峥是一个特别有远见的人，他能深刻地洞察人性，从而敏锐地捕捉到市场机会。同时，他可以看到差异化的打法，并且能够把这种打法快速落地实施。"[1]

从妈妈的消费观上，黄峥领悟到了非常重要的一点：

占便宜是人性，我们不要和人性作对。

在他看来，人性就是喜欢实惠的东西，并且喜欢分享优惠。但他对于人性的理解，又有一种近乎冷眼旁观的视角：

低价只是我们阶段性获取用户的方式。拼多多有着比多数平台更深刻对性价比的理解——即始终在消费者的期待之外。我们的核心不是"便宜"，而是满足用户心里占便宜的感觉。

为了给消费者"占便宜"的感觉，拼多多很好地把握住了低价消费人群的偏好，针对这一类消费者进行剖析，为他们进行精准画像，以各种活动吸引这一类消费者重复使用，并由此取得成功。虽然屡屡

---

[1] 引自《高榕资本张震：黄峥洞察人性，拼多多不止是"拼"》，36氪，2018年7月。

被人诟病山寨假货，引来许多非议，但更多的人对价格的敏感远远超过质量，正因为如此，短短几年间，已经有6亿多人成为拼多多的活跃用户。

拼多多之所以成功，还有一个重要的背景在于，它挖掘出了庞大的下沉市场，而且开拓的时机也是恰到好处。如果拼多多更早几年成立，当时中国经济正处于消费升级的狂热情绪之中，像拼多多这样主打下沉市场的公司，根本不会被资本青睐和追捧。拼多多成立几年以来，中国经济正在经历从消费升级到消费降级的深刻转变，在传统电商迎来增长瓶颈之际，拼多多深挖下沉市场，资本市场从拼多多身上看到了新的增长空间，于是不断提升对它的期待。

尤其是从2020年年初开始，不到半年时间，拼多多股价再度翻番，市值站上了千亿美元大关。众所周知，疫情暴发之后，2020年中国经济遭遇巨大压力，第一季度更是大幅负增长，在这样的背景下，拼多多反而逆势增长。

2020年两会期间，李克强总理表示："中国是一个人口众多的发展中国家，人均年收入是3万元人民币，但是有6亿人每个月的收入也就1000元，1000元在一个中等城市可能租房都困难。"

6亿人的月收入只有1000元，这个数据显然大大超出了很多人的想象，很快引发了极大争议，以至于很多人质疑是不是口误。但事实上并不是，统计局后来对此予以了确认："根据2019年相关数据，低收入组和中间偏下收入组共40%家庭户对应的人口为6.1亿人，年人均收入为11485元，月人均收入近1000元。"

实际上，这才是真实的中国。正如财经博主"互联网怪盗团"所说：

> 这个国家，从来不是微博体现的那个"人人悦己，光鲜亮丽"的样子；不是知乎体现的那个"人均985，年薪百万，刚下飞机"

的样子；不是豆瓣体现的那个"人人读过卡夫卡，全都喜欢村上春树"的样子；也不是小红书体现的那个"一年之内炫耀自己买了法拉利的人比法拉利年产量还多"的样子。

中国地大物博，14亿人口中一、二线城市毕竟只占少数，更多的是四、五、六线小城市。全中国有300多个城市，2856个县，41658个乡镇，662238个村，广阔天地，大有可为。这就是为什么"五环外的生意"会成为这两年热词。这也是为什么很多人表示自己至今从来没用过拼多多，却并不影响拼多多的活跃用户日益增长。中国庞大的中低收入人群，给拼多多提供了巨大的成长空间。

一位曾经的淘宝卖家这样评价如今的拼多多：对于阿里和京东来说，他们会重新认识到中国10多亿普通人的力量，这10多亿人需要的不是高大上的消费升级，而是让现在生活好一点、实惠一点的消费升级。

这与黄峥对消费升级的理解不谋而合：

> 消费升级不是让上海人去过巴黎人的生活，而是让之前没有用过厨房纸的人有厨房纸用，让更多地区的人更方便地吃上好水果。[1]

在黄峥看来，所谓的消费升级，不是让每个人都过上贵族一样的生活。真正的消费升级，是让每一个普通老百姓都能吃到新鲜又便宜的水果，是让买不起彩电的人，在拼多多花千八百块就能买到质量不

---

[1] 引自《拼多多，到底是消费升级还是消费降级？》，搜狐新闻，2018年7月。

错的电视与家人一起享受追剧的幸福时光,是让村镇甚至偏远山区的农民,也能享受到电商时代带来的便利。曾经有人说,"在这里读懂中国",这句话送给拼多多以及拼多多的用户最恰当不过。

当然,黄峥关注的不只是"五环外"的世界,他的视野显然更为广阔。当有人将拼多多的成功归结为抓住了移动互联网第三波人口红利带来的"下沉人群"时,黄峥是这样反驳的:

> 只有在北京五环内的人才会说这是下沉人群。我们关注的是中国最广大的老百姓。

黄峥认为,用户有很多面,而拼多多满足的是一个人的很多面中的一面,拼多多吸引的并非是只追求低价的用户,而是"追求高性价比的人群"。"我们吸引的是追求高性价比的人群,他会买一个爱马仕的包,也会用9.9元买一箱杧果,这与他的消费能力没有关系。在消费这件事上,所有人都一样,不论有钱还是没钱,实惠是一个普遍需求。比如放到我妈妈身上,买菜的时候会比较一两块钱,但是也会买高配的iPhone和好的电视机,这是一个普世性的需求。"

几亿用户的拼多多,耕耘的是在这之前巨头们从来都没有重视过的市场,当所有人在关注消费升级时,拼多多却发现了一片全新的蓝海,并取得了巨大的成功:在初期没有做任何广告的情况下,仅仅依靠微信用户裂变,上线一年日订单就超过百万,月成交总额超过10亿。充满野心的黄峥,带领着拼多多,正在努力创造未来商业可能的模样。

用游戏化思维做公司

拼多多刚一诞生,就用一种摧枯拉朽的野蛮生长,在电商领域快速崛起。如果说拼好货还只是一匹跑得比其他公司稍微快一些的黑马,拼多多则像是一匹插上了翅膀的飞马。

而为拼多多插上翅膀的,是黄峥团队的游戏化思维。

黄峥在采访中曾经说:

> 拼多多试图做消费和娱乐的融合,拼多多的使命就是多实惠多乐趣,让消费者买到更多更实惠的东西,然后在这个过程中更快乐。

的确,相比于拼好货,拼多多更重视带给消费者快乐。从这两家公司的核心团队,也能看出一些端倪。拼好货采用的是自营模式,重视产品品质和用户体验,把主要精力投入到供应链的优化上,考虑的是怎么优化供应链、怎么把水果的流通做得更快、怎么把物流环节压缩得更好、选品怎么样能够做得更好等,这些运营方式一看就知道是纯电商团队的风格。但核心人员来自寻梦游戏公司的拼多多团队,他们用运营游戏的方式来运营拼多多,这个团队拥有纯电商团队不具备的一个优势,那就是他们对前端的理解,能够轻而易举地捕捉到消费者的需求，并采取各种方式满足消费者的需求。

正如黄峥所说："由于新成立的拼多多团队既做过电商，又做过游戏，相比拼好货的纯电商团队，他们对前端的理解，对消费者深层次需求的理解，包括怎么样做好软件产品要强。拼多多更重视软件产品的互动，把产品当成游戏运营，强调用户以什么方式第一次接触、互动，怎么做用户筛选，所以发展比拼好货还要快。游戏跟电商公司有一个思路是有差别的，它不认为进来的所有用户都是他的，始终在试图寻找适合这个玩法的用户，他在寻求的是玩法的迭代和更新。"

只凭这一点，普通电商公司就望尘莫及。在黄峥看来，拼多多要创造不一样的购物形态，而不是像拼好货那样强调垂直领域的购物体验。这是两者本质的区别。

一般来说，我们评论一家电商网站好不好，通常使用的标准是"多快好省"，也就是品类齐全、发货快速、质量优良、价格实惠。不同的网站，可能会在这四个特点中的某一个或某几个相对其他网站有比较优势。很多人忽略了，其实影响人们是否使用某电商网站的因素，除了"多快好省"之外，还有一个非常重要的因素，那就是"乐"。

在当前这个泛娱乐时代，"乐"在人们生活中占的比重已经越来越大，人们花在手机上的时间，越来越愿意分配给"找乐"，比如玩游戏、刷抖音、追剧等等。但是单纯的"找乐"，会让很多人有负罪感和羞愧感。而拼多多给人一个很好的理由：我不是为了玩，是为了给家里省钱。对很多人，尤其是女性来说，购物时能够体会到这种乐，是决定上这个网站的重要因素。

拼多多敏锐地认识到了这一点，黄峥在"多快好省"的竞争中，把"乐"加入进来，从而开辟了一种全新的电商玩法——利用游戏化的思维，来设计整个购物流程，使得购物这个行为，与社交和玩游戏密切地结合到一起。

打开拼多多 App，因游戏化思维的贯穿，社交 + 游戏的购物场景随处可见。拼多多首页有十六个入口，与游戏化玩法相关的入口就有九个（限时秒杀、多多果园、9 块 9 特卖、助力享免单、天天半价、1 分抽大奖、现金签到、砍价免费拿、帮帮免费团）。这些游戏化设计，大大增加了用户对产品的依赖。

以拼多多 2018 年 6 月上线的"多多果园"为例，在第一次打开的时候用户会收到一条提示：选取一棵树苗持续浇水直至大树养成，即可以免费获取相应的包邮水果。在用户"种树"的过程中，"多多果园"会明确告诉你还需要 3、5、8 次浇水来发芽、长大、开花。通过达成小目标激励用户，类似网游中升级需要的经验值是累加的。虽然这个机制相对常规一些，但在电商产品中体现出这么多洞察人性的细节，是不多见的。

要获取让大树生长的水滴，用户需要签到、浏览商品一分钟，或是偷取好友的水滴。尽管是电商属性平台，但这种设计使得其具有很强的可玩性，处在游戏化场景中的用户在使用过程中，会不断体会到付出努力后离目标越来越近的精进感与获得感，或是果树比好友长得快的优越感。这种快乐的感受使得用户甚至都忘了在使用产品，而是在玩游戏。[1]

在即时满足用户的同时，"多多果园"还会为用户营造意外之喜。当用户正在为了 10 克水辛苦地浏览多个商品的时候，"多多果园"突然弹窗告诉你，一次购物就可以获取 30 克~50 克水，无疑是一种超出预期的诱惑。在娱乐中不断制造惊喜，提升用户体验，自然能轻而易举地实现裂变与变现。

---

[1] 引自《游戏化思维——打造"上瘾"产品的秘诀》，前瞻网，2019 年 6 月。

上线不久,"多多果园"就成了拼多多的"吸粉"神器。只用了半个月,"多多果园"的用户量达到4000万,每天超2亿人次使用,创造了令人惊叹的战绩。

当然,游戏化设计在其他电商网站中并不鲜见,淘宝、京东等购物网站也有一些小游戏来吸引用户。不过拼多多的独到之处在于,他们将游戏尽可能简单化,并不断设置激励点,留住用户。比如拼多多有一个"签到领现金"活动,就是一个典范。与淘宝的签到领淘金币以及京东的签到领京豆不同,拼多多的签到领现金位于App首页的图标栏,签到路径端较短,用户每天完成签到即可获得一定的现金奖励。相比可抵现金的京豆和淘金币,可提现的现金奖励给用户带来更直接的刺激,促进用户活跃,让用户逐渐养成每天进入App的习惯,从而增加用户购物的几率。除了每日签到的现金奖励之外,累计签到满一定天数后还可以获得勋章奖励,用户可在个人中心的勋章墙进行查看,这可以使用户获得一种精神愉悦。

游戏对消费者的吸引力是巨大的,早期用拼多多的人,基本都不是怀着明确的购物目的而去的,而是怀着玩游戏或者占便宜的心态,参与了朋友发起的团购、抽奖、抢红包、砍一刀等活动,不知不觉就成了拼多多的客户。

为什么这样的游戏设计能够帮助拼多多吸引并留住用户?这离不开游戏思维的三个核心:有意义的选择、激励、反馈。在拼多多,用户购买商品种类,是自己需要的,是"有意义的选择";拼的人多了,价格低,是"激励";降价后,App及时呈现出来,能反馈给用户,将游戏思维融入购物中,形成良性闭环,用户复购率也高。

社交电商之所以被称为社交电商,是因为它和电商有着千丝万缕的联系,在社交娱乐的背后是真正的用户增长和庞大的数据流量。拼多多作为社交电商的开拓者和领导者,把娱乐社交元素融入电商运营当中,通过"社交+电商"的模式,让更多的用户带着乐趣分享实惠,充分激发了用户分享的主动性与积极性。这是拼多多在众多电商网站中脱颖而出的原因,也是拼多多用户急速增长的秘籍。

  可以说,社交让拼多多飞了起来,游戏让拼多多飞得更高,而且能一直飞下去。正因为如此,拼多多上线后,发展速度才会如此超乎想象。

复制 Costco 模式

在拼多多上市第一天的发布会上,黄峥将拼多多的商业模式总结为:拼多多做的是"Costco+Disney(迪士尼)":

> 如果我们闭上眼睛畅想一下下一阶段的拼多多,你可以想象它是一个将网络虚拟空间和现实世界紧密融合在一起的多维空间。它将是一个由分布式智能代理网络(而非时下流行的集中式超级大脑型 AI 系统)驱动的"Costco"和"迪士尼"(即集高性价比产品和娱乐为一体)的结合体。在这个空间里,供给两端的链条被压缩,批量定制化大规模实现,用户可以用最划算的价钱买到理想的商品,更在过程中收获快乐。社会资源的无谓损耗持续降低。它不光提供超高的性价比,更将娱乐性融入每个环节。

对 Costco,很多人或许只有耳闻,没有深入了解。Costco 是美国最大的连锁会员制仓储量贩店,是会员制仓储批发俱乐部的创始者,成立以来一直致力于以可能的最低价格提供给会员高品质的品牌商品。

对国内大多数老百姓来说,Costco 远不如沃尔玛、家乐福、宜家出名。但实际上,在互联网行业,尤其是电商领域,有很多创业者都是 Costco 模式的信奉者,比如小米的创始人雷军、名创优品老板叶国富。

雷军曾说，Costco 让他认识到如何能够将高质量的产品卖得更便宜。然后他用极致性价比的策略，开创了智能机在中国的全民普及时代。

叶国富同样追随着 Costco 的路径，让名创优品在关店潮中逆势崛起，从一家街头小店，发展到现在全球超过 3000 家门店，年营收过百亿元。[1]

而黄峥同样是 Costco 模式的信徒。

黄峥完美地将 Costco 模式复制到了社交电商领域。如同 Costco 起步于社区超市一样，拼多多的根据地同样在三到六线城市，甚至是农村的下沉市场。

创业初期，农村就成了最适合拼多多起步的"试验田"，也是出于这个原因，拼多多的崛起带有不可忽视的社会价值。与美国的标准化农业不同，中国的农业生产是分散的小规模耕作，农民缺乏市场信息，种什么、销售多少、能卖多少钱都面临着不确定性。由此，拼多多可以通过为供给端提供动销数据的方式，减少生产者和消费者之间的信息差。

农村市场一直是拼多多的重点，黄峥曾表示："通过拼多多，农民可与全国同行比较价格，以合适价格和包装向 3.855 亿拼多多用户销售产品。消费者最终可以用更优惠的价格，获得更新鲜、更安全的产品，农民也可以获得更高收入。双赢的结果，对改变农业和扶贫都有很大意义。"[2]

在此之前，农村是阿里巴巴和京东没有完全激活的市场，但从

---

[1] 引自《开挂扩张》，卢诗瀚，南京：江苏凤凰文艺出版社，2020 年 8 月。

[2] 引自《5 亿人都在用拼多多背后：中国新消费力量崛起的另一种证明》，中新经纬，2019 年 11 月。

2015年开始，淘宝和京东都已经开始高调进军农村市场，不过和拼多多不同的是，两家电商巨头多采用代理、刷墙等方式拉新，这种运作方式营销成本低，也能持续教育用户。但现在看来，相比于拼多多线上"低价引流+消费者裂变"的方式，农村淘宝和农村京东的转化效率并不如人意。

基数庞大又混乱的中小品牌供给端、生产端曾经不被阿里巴巴和京东重视，拼多多用3年时间打开了不错的局面，不过，由于农产品等品类涉及的改造环节和流程十分复杂，拼多多需要继续巩固此前打下的基础。

拼多多赖以起家的"拼团"，在Costco也并不鲜见。在任何国家和地区的Costco卖场里，都会见到"拼团"的欢乐景象。几个主妇组团去Costco购物，通过联合组团的方式，享受到更低折扣的价格，完成批量采购后，几个主妇之间再分配各自出资比例的所需。这不就是线下零售常见的购物景象，不就是我们互联网电商里常见的"拼团"吗？

不过，作为一个线上平台，拼多多的短板在于缺乏线下面对面具备的交互丰富性。没有游戏版的体验，人拉人拼团的转化触发条件，在线上会非常困难。这就是为什么黄峥说要升级供应链，大数据精准推荐，以及做一个Costco和迪士尼的结合体的内在意思。

在拼多多上市的招股书中，拼多多描绘了这样一个"全新的电商形态"：用社交和算法的商品流吸引买家，以各种玩法沉淀用户；连接的另一头是混乱和不发达的中小生产商，通过集中用户需求，开发出更符合目标客户群的产品，同时减少中间环节，让生产商保留更多利润，用户得到更物美价廉的商品。甚至在这个过程中，孕育更多新兴品牌。

在黄峥看来，所谓Costco不是要做服务中产阶级的会员电商，而是做到为不同人群提供不同的货架，甚至开放大数据给制造商，帮助其生产适合该人群特性专属的货品,类似电商版的 Facebook,组成不同圈层的 Costco;所谓 Disney 是指在货找人的过程融入娱乐环节——从而最终形成良性循环:越来越多的用户,越来越多的货,算法越来越智能,进而能有更多实惠、更多乐趣。

用这套模式,黄峥为拼多多贴上了电商领域内独一无二的标签。

黄峥的朋友们

在拼多多的成长过程中,黄峥从来都不是一个人在战斗,有四位至关重要的天使投资人,在他的创业道路上发挥着至关重要的作用。

2015年8月,刚刚成立不久的拼多多完成了首轮800万美元融资,领投方是孙彤宇、段永平、丁磊、王卫,这四人分别被外界定义为黄峥的神秘军师、人生导师、领路人和契合的商业伙伴。

段永平自不必说,他是黄峥的人生导师,更是其坚强后盾,甚至有人说黄峥是他的干儿子,足可见二人关系之紧密。在黄峥的创业路上,段永平扮演着极其重要的角色,一直为他出谋划策,给予他最有力的支持。就连拼多多的企业文化和营销打法,也深深地打上了段永平的烙印。

丁磊与黄峥结识近二十年,这位中国互联网领域的大佬级人物对黄峥的影响一直都在。黄峥投身游戏行业、用游戏化思维来运营拼多多,或许都是因为受到了丁磊的影响。

王卫则是黄峥在经营乐其公司期间结识的。做电商少不了与顺丰接触,通过顺丰一名高管的引荐,黄峥认识了王卫。据说两个人一见如故,经过一番酣聊之后,王卫居然忘记了黄峥的身份,迟疑地问:"原来你是搞电商的?"王卫对电商念念不忘。黄峥泼了一盆冷水说:"你们做电商肯定做不成,你见过哪家快递公司做电商做成的?"王卫当时心里肯定有些不服气，但后来的事实证明黄峥是对的。顺丰2017年初上市时的财报披露，2014年开始集中铺设线下门店，O2O业务亏损16亿元。

耿直的性格、富有远见的判断，或许是黄峥给王卫留下的最深刻印象。但尽管黄峥认为他"做不成"，王卫依然对电商念念不忘，后来索性成了拼多多的天使投资人。

更值得一提的是孙彤宇，与其他三个人相比，孙彤宇的知名度或许稍微小一些。不过，说起阿里巴巴的"十八罗汉"，可能很多人会非常熟悉，孙彤宇正是其中之一。他在阿里巴巴的工号是3，仅次于马云和张瑛，他在阿里巴巴历史上有着举足轻重的作用。他是淘宝的第一任CEO，被称为"淘宝之父"。他的妻子是阿里巴巴资深副总裁彭蕾。

孙彤宇曾表示，我和马云有许多的共同点，比如说，都是内心火热的人，对企业未来有信心。他的战略眼光、学习能力很强大，我比他强的是执行力。马云也对孙彤宇超强的执行能力表示过赞赏，而阿里巴巴最早盈利也是由孙彤宇的销售团队实现的。

2003年，阿里巴巴的B2B获得成功后，马云决定开建C2C的淘宝，因为这才是决定生死的关键。横刀立马的执行者正是"财神"孙彤宇。他只用了短短3年就把淘宝网打造成中国第一大C2C网站。

当时，与如日中天的竞争对手易趣相比，淘宝的财力、技术、人才和资源都不足。那时的易趣刚刚拿到国际巨头eBay的巨额投资，淘宝挑战易趣被很多人形容为"蚍蜉撼大树"。eBay的CEO惠特曼曾放言道，中国在线拍卖市场的战争会在18个月内结束。

做C2C，线上的渠道是重中之重。财大气粗的易趣一掷千金，与新浪、搜狐、网易、TOM等门户网站达成排他性的独家广告协议，淘宝的推广被全面封锁，要知道，那时候可是门户时代，大多数的网民、流量都掌握在门户网站手里。

为了使淘宝不至于死在襁褓之中，孙彤宇找到同在杭州的网易丁磊求助，却被拒绝了。无奈之下，孙彤宇只好咬牙带团队做推广。后来，他硬是靠"农村包围城市"的路线，从BBS等站点获取口碑和流量，再加上免除手续费等接地气的打法，及解决信任问题的支付宝推出，才打赢了这场硬仗。

2007年，淘宝网年销售规模达到400亿，向1000亿人民币迈进。在众多电子商务网站中，淘宝网已经一骑绝尘。正当孙彤宇意气风发之时，这一年12月24日，阿里巴巴董事会的一则毫无预兆的人事任免决议送到了他面前：卸任淘宝网总裁一职，去海外商学院进修学习。

同一天，阿里巴巴集团董事局主席马云以内部邮件的方式宣布了高管轮休方案：淘宝网总裁孙彤宇、阿里巴巴集团COO李琪、阿里巴巴集团CTO吴炯、阿里巴巴集团资深副总裁李旭晖这四位高管进入了阿里巴巴的高层干部"轮岗学习"计划。其中，吴炯和李琪将分别于2008年1月1日及6月1日起辞任，孙彤宇与李旭晖于2008年3月1日辞任。

据知情人透露，当阿里巴巴集团高管宣布孙彤宇离职消息时，孙彤宇震惊不已，在接下来的发言过程中更是难以自控，当众号啕大哭。

在淘宝的最后一天，孙彤宇给所有同事发送告别邮件，他称呼所有人为"我的战友，在一起拼杀的战友"。他没有从淘宝带出一个人，虽然当时有淘宝员工表示愿意跟他共进退。他给淘宝的管理团队开会，他在会上提出要求："在淘宝我还有一些目标没有达到，我希望你们帮我去实现。"其中最大的一个目标就是实现盈利。

孙彤宇的离去，不仅在阿里巴巴内部掀起了轩然大波，就是在整个互联网业界也搅起了千层浪。

有人认为，马云这样做是"杯酒释兵权"，说马云是害怕孙彤宇取代他，马云却用"扯淡"来回应：

> 我如果还活二三十年，我要做什么？想清楚这些以后我才把我的人换掉，等到60岁时我再换他们，孙彤宇他们五年十年后一定会恨我，但我比他们看得更透，我希望他们出去享受人生，理解生命、生活再回来……孙彤宇要是能够取代我，我早就能够放手了。我今天真想找到一个人接替我。但这件事跟这个没关系。每个人都有自己的能力，有自己的局限，有自己的生活的选择和去向。老孙到今天为止，我对他的欣赏，没有半点减弱，但是这是两个概念……每个人在什么环境下什么阶段做什么事情是关键的。我要铲除孙彤宇异己，那彭蕾还不弄死我，我们还怎么合作？

关于孙彤宇的离职，传闻有很多，其中有一个流传最广的版本是：当时担任人力资源官的彭蕾早就得知孙彤宇将被解任的消息，不过，她却一直咬紧牙关，始终没向丈夫提前透露，因此，当孙彤宇通过公司得知这个消息后，既痛心于公司的离弃，又对妻子的背叛深感失望，因此，愤而离婚。而彭蕾则以超乎寻常的职业操守，获得了马云的进一步信任。

马云说是让孙彤宇去享受人生，理解了生命和生活再回来，然而，孙彤宇终究是没有再回去。

离开阿里巴巴后，孙彤宇的创业并不成功，几乎处于退隐的状态。他的动态也鲜有人知，直至以天使投资人的身份投资了拼多多。

在谈及孙彤宇对拼多多的影响时，黄峥曾夸赞他说："他对平台的理解确实不一样，中国只有很少的人做过平台，这方面是有帮助的。比如他认为平台更应该考虑不同阶段的生态演进，而品牌更多是单个细分人群标新立异的价值主张。"[1]

对黄峥来说，孙彤宇是不可多得的"军师"。

孙彤宇曾说："市场的成熟跟企业盈利是又相关又不完全相关的东西，市场好了意味着企业有机会赚钱，但是夕阳行业照样有人赚很多钱。在朝阳行业也看到很多公司倒下去。"在他看来，为了战斗最后的胜利，可以允许动作适当的变形。这是他在和 eBay 的血战中得出的理论：面对高贵得像公主一样的 eBay，我们淘宝要土得掉渣。

他曾举过一个例子：红酒刚进中国的时候，国人兑雪碧喝，被假洋鬼子嘲笑。但是我们在营销的时候不应该去纠正，还要刻意去迎合，利用国人的直觉和口味迅速打开市场；等市场大了，国人习惯了，自然会回归红酒最纯正的喝法。

在与拼多多整合之前，拼好货走的是"好货"路线，结果是困在高存货、高损耗、高成本的泥潭里找不到出路，其后正是采用了孙彤宇的差异化打法，避免一二线、中高端消费市场的红海，而采用消费降级、下沉到乡镇农村，走群众路线，通过 C 端的主动拼团、砍价，撬起了微信的庞大流量，迅速成为今天具有匪夷所思增长速度的拼多多。

这种戏剧性的变化背后恐怕少不了孙彤宇的亲授。事实证明，平台模式成功了。

当然，孙彤宇带给黄峥的不止于此。拼多多持股比例第二大的机构股东高榕资本也是孙彤宇介绍的。

拼多多之所以能成长为今天的庞然大物，原因是多方面的，既要得益于站在了时代的风口上，也离不开黄峥本人极其富有远见的眼光

---

[1] 引自《竟然打动了段永平、丁磊、王卫、孙彤宇，拼多多黄峥凭啥？》，搜狐新闻，2018 年 5 月。

和很强的业务能力,但这四位天使投资人的引路和指点,也是必不可少的。这四位投资人与拼多多的故事,已经成为中国创投史上的一段佳话。

只靠着自己一个人的力量,创业者是很难到达"山顶"的。只有像黄峥这样,在上升的过程中结识一个又一个同路人,才能汇聚更多的力量,实现自己的目标。

第六章

赴美上市,这只是一个起点

"我们不会因为上市不上市有特别的改变。我们每天都在围绕消费者的需求认真做事情,不会说突然之间股票市场上有一个代码好像就不一样了。或者说黄峥头上顶了一个市值,难道这个人就变了吗?其实什么也没有变。"

在人生巅峰时刻,黄峥仍保持着一如既往的清醒,实在难得。

整合与崛起

拼多多的故事注定是一个传奇。

2016年7月20日,拼多多又创业内新高:完成总额为1.1亿美元的B轮融资,创近年国内电商界B轮融资额新高,更胜过许多电商同行的C轮甚至D轮。参投的更是高榕、新天域、腾讯这个级别的知名投资机构,财务顾问也是国内颇具口碑的泰合资本。

当时正值资本寒冬,而成立不到1年的拼多多却能逆市高歌,实在是令人惊叹。

为什么高榕资本、天域、腾讯等实力雄厚的投资机构会看好拼多多?答案或许如拼多多最初的投资人段永平所说:"我和黄峥10多年的朋友了,我了解他、相信他。黄峥是我知道的少见的很有悟性的人,他关注事物本质。"段永平非常看好拼多多的未来,正因为如此,早在2015年黄峥创办拼多多时,只投上市企业的段永平,就破例投资了这家初创企业。

而黄峥也如之前几次创业一样,没有辜负段永平的信任。在他的带领下,拼多多的交易数据节节攀升。

但这时,一个问题摆在他面前:同时经营拼好货和拼多多两家正在迅猛发展中的电商网站,并不是一件容易的事。"最主要的因素是两个公司的规模都很大,我没有足够的精力做两家公司。"黄峥如此解释,"我们无非一伙人,还是追求做成一件牛逼的事,那我们就坐下来商量,哪一件事情能够更牛逼。"

经过两家公司核心人员的协商,黄峥做出了一个艰难却非常必要的决定:将拼好货与拼多多合二为一。这一决定也获得了两家公司投资方的支持。

2016年9月,拼好货、拼多多正式宣布合并成立新电商平台,并采用分布式人工智能与社交拼团模式,致力于为消费者提供更具性价比的商品。两家公司披露的合并方案是,以1∶1换股的形式完成,不涉及现金交易。合并的法律细节是以拼好货收购拼多多公司的形式。合并后,拼多多和拼好货的双方原有股东也将以此前的投资金额按比例成为新公司的股东。管理上,黄峥直接担任新公司的董事长和CEO,管理团队则会进行融合,产品技术以拼多多为主导,运营供应链以拼好货为主导。

合并之后,拼好货及拼多多两个品牌继续保持着独立性,App端、微信商城继续独立运营,并打通后端数据。拼好货商城会出现拼多多的商品,而拼多多商城也将开设以拼好货命名的生鲜频道。同时,拼好货将拆分后端仓配业务,成为独立公司,进行独立融资,并将后端能力开放给各平台的更多商户。

之所以会选择整合拼好货与拼多多,黄峥有自己的考虑。在他看来,拼多多和拼好货都已经长到了一个相当大的体量。但一个缺商品(拼好货只做生鲜品类),一个缺品质(拼多多发展至今屡遭用户吐槽,也是不争的事实),如果两家网站能合并起来,补足短板,显然更有利于双方。对于拼好货来说,合并后商品类目能更加丰富;而对于拼多多来说,拼好货能带来生鲜水果上的品质优势以及高效的流通供应链体系。不仅如此,他们还能充分发挥彼此的优势,提升整体品质和服务水平,集中力量与对手竞争。

对黄峥而言,无论是拼好货还是拼多多,还是合并之后的新公司,其实本质上都是一样的,那就是为了能够为消费者创造更好的价值。

拼好货与拼多多,这两家社交电商公司都脱胎于黄峥的团队,一个朝着自营方向大步迈进,一个朝着平台化方向一路狂奔,却最终走到了一起,并因此造就了一家单月成交总额超过 20 亿元、付费用户超过 1 亿的社交电商平台。1 年之后,拼多多的年成交总额突破了 1000 亿元人民币,紧跟阿里巴巴和京东两大电商巨头的后面。

值得一提的是,那段时间,除了拼好货和拼多多,黄峥还孵化了第三个项目——拼小站。拼小站类似当下社区前置仓的模式,在华南试运营。每个站点有一个负责人,既要维护线上社群,也是售后客服,还要负责线下 3 公里范围的配送。

起初,黄峥的设想是,这三条业务线意味着电商自营 + 平台 +O2O,跑顺之后就全面打通线上线下。创立拼小站,他的动机很简单:

> 希望做一个跟之前不一样的东西,可以对新时代电商格局有所变化。最主要的是,自己有做一个更大公司的野心。[1]

高榕资本创始合伙人张震支持他做这样的尝试,他曾说,别人看黄峥在做生鲜电商,其实他是在布一个很大的局。他有商业天分,讲究策略,执行力很强,"我们的原则就是坚定地信任他"。

然而,黄峥的创业之路也并不总是一帆风顺。运营了一段时间,拼小站的发展始终不如预期中理想。这些站点负责人并非拼小站的员工,而是加盟商。最后他们发现,给站点供货、培养微信群、培训如

---

[1] 引自《拼多多的朋友和敌人》,新浪新闻,2018 年 7 月。

何维护跟客户的关系,最后这个站点并不受控制。

半年之后,黄峥毅然决定放弃拼小站,将整个团队都合并到了拼好货。拼小站 CEO 随之撤回杭州,拼好货 CEO 已经是拼多多的招商负责人。

戏剧性的是,在拼小站关闭之后,那些站点负责人纷纷摇身一变成为微商,至今还有上百个这样的群主活跃在深圳和东莞地区。

关闭拼小站、割舍拼好货、留下拼多多,这几个决定都与黄峥不恋战的性格有一定关系。一位拼多多的早期投资人说,当时他们分析这家公司,就是从两家公司融合角度考虑的,后面的合并不是随机发生的。拼好货在帮拼多多趟路,模式被验证之后,在拼多多上放大。

正因为如此,才有了拼多多的快速成长。一匹黑马就这样在两大巨头的眼皮底下迅速崛起,悄然改写了中国互联网的势力版图。

真是腾讯的"干儿子"?

《财经》记者采访黄峥时,发现了一个有趣的现象:他的办公室里摆满了QQ公仔。对此,黄峥却非常淡定地表示:"都是别人送的,腾讯寄来的没有很多。"

从这句话中,拼多多与腾讯的爱恨纠葛可以窥见端倪。

很多人都把拼多多看成是"腾讯系",甚至有人戏称拼多多是腾讯的干儿子。但黄峥从不承认这一点,为了撇开与腾讯的特殊关系,黄峥甚至说:"我死了腾讯不会死,腾讯有千千万万个儿子。"

但黄峥无法否认的是,拼多多的强势崛起,与腾讯有着密不可分的关系。

很多人第一次看到拼多多的拼团链接,都是来自亲友的微信分享。从某种程度上来说,拼多多是微信带来的社交红利的巨大受益者。正是因为微信的存在,拼多多的社交电商才有了可能。黄峥也曾说:"通过微信创造一个分享场景,是拼多多早期崛起的重要原因。"

正是因为站在微信这个巨人的肩膀上,拼多多才能迅速成长起来。依托于微信的海量用户,拼多多覆盖了淘宝没有触及的庞大人群,在成立不到一年的时间里,就实现了用户量突破1亿大关。拼多多利用别具一格的"拼团模式",让用户通过朋友圈、微信群等方式,向亲戚朋友发起拼单邀请,拼多多购物的链接在微信中大量免费地传播,在这个过程中，拼多多充分享受到了微信的流量红利——不但能低成本获取到源源不断的新用户，还使交易量节节攀升。

除了利用微信的巨大流量和用户资源，拼多多还利用微信生态工具，让整个购物体验极致化，最大限度地降低了用户的使用门槛。比如，当用户点击微信中的购物链接时，拼多多默认用户使用微信登录，不会让他重新注册，也不会让他添加手机号，直接就可以实现轻松购物，从下单到支付，只需要用户填写收件地址即可。而且，如果用户在微信中已经填写了地址，拼多多还能帮他一键获取。最后结账时，也是使用微信支付，不需要额外绑卡。这样便捷、流畅的购物体验，是京东、淘宝无法比拟的，堪称拼多多的一大优势，也是微信对拼多多的巨大助力。

值得一提的是，在朋友圈、微信群里转发各种拼团链接，实际上都是被微信视作不能容忍的诱导分享行为，按照微信的一贯逻辑，是决不允许这种诱导推广的，一旦发现这样的行为，会马上封禁。但对拼多多，腾讯却选择了默许这种行为，原因在于，拼多多需要腾讯，腾讯也需要拼多多。

作为社交巨头，腾讯一直有一个"电商梦"，想进入这个市场分一杯羹。但市场对腾讯的主流观点是它有社交流量，但缺乏电商所需的交易型流量，所以腾讯做电商始终没有成功。从最早效仿淘宝和淘宝商城（后来的天猫）建立的QQ网购和QQ商城，后来合并为拍拍网；到后来收购易迅网，来效仿京东和亚马逊模式，腾讯的电商之路一直走得非常艰难，在C2C市场、平台B2C市场、自营B2C市场等电商细分市场内都没能实现市场占有率超过10%，与其在社交市场的地位无法相提并论。

但腾讯对电商的执着愈益强烈。2012年5月18日，腾讯正式宣布成立腾讯电商控股有限公司，由刘炽平任董事长，吴宵光任总经理，而这是腾讯第一次独立拆分子业务部门。拆分之后，腾讯电商用将近1年的时间进行了内部业务和流程的梳理，对各业务线进行资源整合，优化生态组合。这足可见腾讯对电商的必争之心。

不过，在经历了屡次失败后，腾讯也认识到了自建电子商务系统很难，开始把主要精力用于通过投资或收购来扶持其他公司，从此走上了"修建流量高速公路"的模式。2014年3月，腾讯战略入股京东，为京东提供流量入口，把与阿里巴巴的电商竞争通过投资的方式押宝到京东的身上。马化腾、刘炽平和腾讯总办当时发布内部邮件表示，通过与京东的深度合作，腾讯将继续参与增长迅速的实物电商业务，并大力发展支付平台。同时，腾讯将继续通过公众号体系，把基础电商能力赋予广大的商家（包括O2O商家），构建新的移动电商生态圈，并结合京东的电商平台优势为商家提供更全面和多渠道的支持。如今，腾讯在京东持股比例为17.8%，是京东第一大股东，刘强东在京东的股权比例达到15.4%，为第二大股东。

然而，即便是腾讯和京东的结合，也没能撼动阿里巴巴电商第一平台的地位。以电商起家的阿里巴巴，在这个领域已经树大根深、盘根错节，腾讯要想有所斩获，必须借助一个与阿里巴巴完全不同的商业棋手。

就在此时，拼多多出现了。拼多多的"拼团"正是腾讯需要的电商产品。一位电商巨头高管对拼购这件事情的总结十分精辟："拼"的概念其实十年前就有，但真实的拼团是指十人成团，不成团要退单。现在的"拼"更多是一种分享，十个人是这个价，一千人还是这个价，是拉动分享的概念，这就需要社交关系链作为土壤。而拼多多恰好能将社交与电商结合在一起，通过社交的方式引导用户进行消费，从而将庞大的社交流量转化为电商红利。

正所谓"敌人的敌人就是朋友"，对腾讯而言，拼多多是用来牵制阿里巴巴的最佳武器。因为有拼多多承接住微信的庞大流量，就极大地避免了微信的流量大量外溢至淘宝，这对于腾讯来说是非常重要的。

正因为如此，腾讯不但对拼多多诱导分享的外链行为"睁一只眼闭一只眼"，还参与了对拼多多的投资。

2016年7月，拼多多获得1.1亿美元的B轮融资，腾讯正是投资方之一。2018年4月，拼多多完成C轮30亿美元融资，由腾讯领投。根据上市时拼多多的招股书披露，腾讯所占股比为18.5%，是除黄峥外的拼多多第二大股东。

除此之外，腾讯还为拼多多提供了极大的支持，2018年2月，拼多多与腾讯达成战略合作框架协议。根据协议，腾讯同意向拼多多提供微信钱包接口上的接入点，使其能够利用腾讯微信钱包的流量。此外，两家公司还在支付解决方案、云服务和用户交互等多个领域进行合作，同时探索并寻求潜在合作的机会。战略合作框架协议的有效期为5年。

拼多多与腾讯之间的合作，可谓双赢：作为基于微信生态成长起来的电商平台，拼多多离不开腾讯，一组数据可以从侧面看出拼多多对腾讯的依赖：2016年拼多多付给腾讯5.43亿元，2017年为5.16亿元，而2018年一季度就已经达到2.07亿元，接近前一年全年费用的一半。和腾讯结盟，不但让拼多多没了釜底抽薪之忧，还让拼多多有了阿里巴巴梦寐以求的优势——社交，这也正是拼多多建立的基石。而腾讯将拼多多看作其智慧零售的重要拼图，与京东一起成为腾讯用来攻伐阿里巴巴电商业务的王牌。

但两家巨头也并非一直处于"蜜月期"，也曾有过一些矛盾与纷争。

2019年10月18日，微信发布新的外链管理规定，升级《微信外部链接内容管理规范》，明确了新增的违规类型，被称为"史上最严"。微信的公告中说，升级后的《微信外部链接内容管理规范》在

2019年10月28日起正式执行,往后如果外部链接内容出现违规,根据用户投诉、核实证据后,将视违规情节严重程度,进行包括且不限于以下处理:停止该链接内容在微信继续传播、停止对相关域名或IP地址进行的访问,短期封禁相关开放平台账号或应用的分享接口;对于情节恶劣的情况,永久封禁账号、域名、IP地址或分享接口。

拼多多的外链也包含在封禁的范围之内。这之后不久,拼多多的砍价链接就已不能在微信上进行分享。拼多多团队迅速做出反应,引导用户以复制"口令"的方式向微信好友传播拼团链接。这样的场景似曾相识。最初,《规范》一出,淘宝的分享链接就也不能正常分享,淘宝链接的分享形式改为了复制"淘口令"已久,如今拼多多也一样。

这样的事,在拼多多的发展历史上并不鲜见。有业内人士曾分享这样一个典故:在拼多多创业早期,黄峥就发现拼多多赖以扩张的诱导分享模式很容易和微信的现有规则发生冲突。为了摸清微信的处罚规则和底线,黄峥曾在广州微信总部旁边开设了个办公室,专门从微信挖人。连续挖人的行为让微信忍无可忍,向腾讯总部告状。后来黄峥与腾讯签署了互不挖猎协议,黄峥想要挖人必须得到腾讯的同意。

一向低调的黄峥也曾讲过这样一件事:

> 最近有一件事让我感到很委屈,突然涌出大量谣言说拼多多诈骗,谣言通过微信群被广泛传播。我找微信寻求帮助,被拒绝了,微信说如果是阿里巴巴找来他能处理。我可以理解,因为如果微信站出来帮我处理谣言,群众会说这是因为腾讯是我们的股东。如果微信帮阿里巴巴辟谣这就叫格局高。

话里话外,颇多委屈。同样是获得腾讯的巨额投资,微店曾经被马化腾亲自关照,而黄峥想让微信帮忙辟个谣都被拒绝,两相对比,他的心中一定不是滋味。

或许正是因为如此,在评价拼多多与腾讯的关系时,黄峥才会如是说:

> 腾讯更像一个普通的财务投资人,他对我们既不会特殊的好,也不会特殊不好。我也不认为我们是腾讯系。[1]

不过,虽然相处得磕磕碰碰,但为了共同的利益,必须一致对外,是拼多多和腾讯的共识。

---

[1]引自《对话拼多多黄峥:他们建帝国、争地盘,我要错位竞争》,宋玮、房宫一柳,《财经》,2018年4月。

上市！刘强东努力了16年，他只用3年

2018年7月26日，黄峥迎来了自己人生的最高光时刻：这一天，拼多多在纳斯达克证券市场挂牌交易，证券代码为"PDD"，发行价为19美元，上市首日开盘即上涨39.47%，收于26.70美元，总市值近300亿美元。拼多多成为拼购行业上市第一股，黄峥本人也跻身全球富豪榜前100名。

拼多多的上市之路异常顺利。

2018年6月30日，黄峥就向美国证券交易委员会提交了招股说明书。

根据招股书，作为公司创始人、董事长兼首席执行官，黄峥在拼多多所占股比为50.7%，对公司拥有绝对控制权。腾讯所占股比为18.5%，为拼多多第二大股东；高榕资本所占股比为10.1%，红杉资本所占股比为7.4%。此次IPO，拼多多共计发行8560万元股美国存托股票（ADS），融资18.7亿美元。腾讯和红杉资本拟在此轮IPO中分别增持2.5亿美元。此外，其IPO承销商已行使超额配售权，将执行购买额外1284万股美国存托股票（ADS）的选项。

招股书还披露，拼多多计划将40%的募资款用于增强和扩大公司现有业务，40%用于技术研发，剩余资金将用于日常公司运营和潜在投资项目。黄峥计划在本次发行后，拿出其拥有的2.3%公司股份成

立私人慈善基金，推动企业社会责任建设。公司将建立由高级管理人员及拼多多合伙人制度选拔出来的员工组成管理委员会，负责监督资金用途，并管理其日常运行。黄峥还计划另外建立一个私人慈善基金来支持科学和医学等前沿技术的研究。

与很多科技公司类似，拼多多也将实施"同股不同权"的AB股结构，即A类股票投票权为1:1，B类股票投票权为1:10，B类股票卖出时自动转为A类股票。这种双层股权结构也被谷歌、Facebook等多家公司采用。

拼多多的发行价最终被定为19美元，关于这个发行价，还有一个小插曲：由于股票认购活跃，按照规则拼多多可以行使提升20%至22.8美元发行价的权利，但黄峥却坚持定价在19美元。

他说：

> 投资人在下单的时候，肯定不希望提价，来日方长，有钱大家赚，现在要把每一份利都吃光，也不太符合我们的价值观。
>
> 不占别人便宜，哪怕我们有这样的能力。

1999年9月，马云带领"十八罗汉"创立阿里巴巴公司，2007年11月，阿里巴巴在香港联交所主板上市。这一步，马云用了8年。

1998年6月18日，刘强东在中关村创业，成立京东公司。2014年5月22日，京东在纳斯达克上市。这一步，刘强东用了16年。

而从创立拼多多到带领它上市，这一步，黄峥只用了34个月的时间。就在短短的时间里，拼多多从1亿用户变成3亿用户，GMV翻10倍，仿佛坐着火箭一样，从原来备受非议的小平台一跃成为中国社交电商的领导者。原本如铁桶一样的中国电商格局，也被彻底颠覆了，市场上从此掀起了一场又一场腥风血雨，鹿死谁手，难见分晓。

34个月，不但打破了之前由互联网金融企业趣店集团保持的中国企业从成立到上市的最短时间纪录，还让拼多多超越苏宁易购与唯品会，成为阿里巴巴与京东之外市值最高的中国第三大电商平台。

然而，在谈到拼多多的成功时，黄峥并没有把成功归功于拼多多创新的商业模式，甚至没有归功于拼多多的团队，而是一再强调"运气很重要"：

> 平心而论，做拼多多这个东西一大半靠运气，不是靠一个团队纯努力与经验就能搞出来的，这源于深层次的底层力量推动，很像是三四十年前深圳的改革开放，热火朝天、生机蓬勃、野蛮生长，背后是由于市场经济改革与开放带来的推动力，我们是上面开花的人，你做什么就会有爆炸式的增长，这是大势推动的，单凭个人和一个小团队的力量是绝对做不到的。[1]

很多创业者都喜欢把成功归结于自己的勤奋、天分与远见，讲述无数历尽艰险的感人创业故事，而黄峥却如此轻描淡写地将拼多多的成功归结于幸运与大势，他的低调与本分从中可以窥见一斑。

当然，拼多多的上市也引来了很多争议。对于拼多多在此时上市，很多业内人士感到惊讶，甚至怀疑拼多多的资金链是否出现了问题，因为按照惯例，企业一般在现金流不足，或者到E轮才会选择上市。

对于这些质疑的声音，黄峥很快做出了回应："如果你看到拼多多账上的现金，就不会这么问了。从C轮开始，我们的现金都没有用

---

[1] 引自《80后黄峥的境界》，刘学辉，砺石商业评论，2018年7月。

过,而且我们的广告收入非常强劲,我们不存在缺钱的现象。"[1]

其实,对于上市,黄峥有着与普通创业者不一样的理解。大多数创业者把企业上市当成创业的终极目标,把上市作为财富变现的重要途径,抱有这种看法的创业者往往很难走得长久。但黄峥在考虑上市的时候,只把这当成一种战略选择。而且,他还怀有一种别样的情怀:希望通过上市,使拼多多的公司信息披露更加公开透明。

在接受《新京报》采访的时候,黄峥做出了这样的解释:首先,拼多多很特别,具有很强的社会属性,如果发生问题会变成社会问题,因此希望能把自己放在更强的监管之下,上市让拼多多更公开、透明、机构化;其次,黄峥本人及拼多多此前与媒体接触较少,希望借助上市接受投资人、公众的拷问,让拼多多更容易被外界理解;最后,拼多多的业务和商业模式已经成型,成立3年上市与成立5年上市并无区别。

不仅要使拼多多在阳光下接受监督,通过这次上市,黄峥还主动对拼多多董事会进行改组,把独立董事变成公司的主导力量。之所以这么做,黄峥说:

> 这就相当于在我脑子还清醒的时候,没有觉得无所不能的时候,先要把自己放进笼子里,让别人能够监督你。

人性决定了人们大多希望自己的权力不受其他力量的制约,对于那些成功的企业家来说这一点尤甚,很多企业因此而陷入一言堂,失去了活力。黄峥主动通过董事会改组,让独立董事变成公司的主导力

---

[1]引自《拼多多敲钟上市!创始人黄峥成新任杭州80后首富》,浙江手机报,2018年7月。

量,从某种程度上来说,这是在逆人性而为,但正是这种理性与自律,彰显了他作为一名优秀企业家的魅力。

而这,或许也解释了黄峥为什么在上市这件事情上表现得如此低调与淡然。

不去纳斯达克敲钟的另类

登台敲钟,是无数创业者们梦寐以求的事情。带上亲人、朋友与同事去上市现场敲钟,更是这些创业者不容错过的荣耀时刻。但黄峥却做出了一个非常另类的选择:上市当天,他并没有远赴美国敲钟,而是选择在上海与3亿多消费者和亿万家庭共同见证这一时刻。

代替他在美国纽约敲钟的,是拼多多的忠实用户张怡。

2016年底,因为一次朋友的群发链接,张怡成为拼多多的用户。拼多多里面实惠的商品很快吸引了张怡,那之后,家里的日常所需,她基本上都在拼多多购买,"反正家中百货,都被拼多多承包了"。不仅自己买,她还经常发链接给朋友推广拼多多,她的外国朋友也很喜欢用拼多多购物。拼多多上市前一天,她在用拼多多购物时,用一分钱幸运地抽中了一台iphone X,然后又幸运地成为近千名初选用户中最终的赴美敲钟者。

当张怡在纳斯达克交易大厅按下敲钟按钮的同时,大洋的另一端,上海中心大厦内,来自北京的杨靓婧一家五口,也共同按下了敲钟按钮。这个家庭的每一位成员都是拼多多的忠实用户,经常拼团购物,也是拼多多"砍价免费拿"活动的爱好者。连她6岁的小女儿都知道拼多多,还很喜欢哼唱拼多多的主题曲。

当上海、纽约的敲钟按钮同时按下时,这两地的核心地标同时滚动起拼多多的标志性 Logo，一时间，黄峥身边掌声雷鸣、欢呼声不断。那一刻，他的心中一定百感交集、感慨万千。

2018 年 7 月 26 日，在上海中心五楼露台上，他深情地发表了自己的上市致辞：

> 各位来宾，大家好！
>
> 我是黄峥，拼多多的创始人和 CEO。非常荣幸能够站在这里，代表拼多多和大家分享一些想法。
>
> 拼多多是一家根植中国、根植上海的公司，但同时，我们也希望能在将来辐射全球，让新电商这一模式，为世界所用，为全球消费者所享。这是我们为什么创新地选择在上海和纽约两地同时敲钟的原因。这样的安排之前没有人做过，能变成现实是不容易的。我要在此特别感谢促成这次同步敲钟仪式的各方。
>
> 2015 年，拼多多刚刚创立不久的时候，我们就意识到，拼多多这一模式拥有巨大的潜力。
>
> 自那之后，我们度过了不可思议的 3 年。在所有人认为电商格局已定、历史就此书写之际，拼多多在短短 3 年间汇聚了 3.44 亿活跃买家，过百万商家，并且时至今日、此时此刻，依然保持着高速增长。
>
> 欣慰于成绩的同时，我们也在时刻自省与反思。3 年时间，从无到有，在商业文明中，拼多多只是一个 3 岁的孩子，身上有很多显而易见的问题，眼前充斥着可见的危险与挑战。
>
> 这迫使我们不断改进、演变甚至进化，以兑现自身潜力，做出应有的贡献。
>
> 如果我们畅想未来，拼多多将成为一个网络虚拟空间和现实世界融合的"新空间"：

这个"空间"里,物质消费与精神消费有机结合,用户可以用最划算的价钱买到理想的商品,更在过程中收获快乐;这个"空间"里,供给两端的链条被压缩,批量定制化大规模实现,社会资源的无谓损耗持续降低。

如果以传统企业类比,这个"空间"应该是"Costco"和"迪士尼"的结合体,它不光提供超高的性价比,更将娱乐性融入每个环节。

距离这个目标,我们仍有相当远的距离。但这也决定了,拼多多将是一家立足长远,持续挑战自我的公司。

直面挑战的过程中,拼多多或将发生很多变化,但我们的使命,永远不变。

拼多多的使命,是为用户创造价值,满足最广大人民群众的需求。

用户第一,消费者至上,是拼多多不变的信条。这次,我们也非常荣幸邀请到了39位拼友,作为纽约、上海两地的敲钟人。他们都是拼多多的普通用户,也是我们最可爱的人。

在用户创造价值的同时,拼多多模式之于供应链的改善,也贡献了可观的社会价值。

推动农货上行,是其中一个很好的例子。"拼单"的模式,能快速聚集需求,实现大规模多对多匹配,这为农产品大规模出村、出山,提供了绝佳条件。这也创造了"互联网+农业"的新模式。

2017年,拼多多用"拼"的模式产生了大量的扶贫订单,共扶持了中国730个国家级贫困县的4.8万个商家。

这些数字令我们倍感自豪,我们也相信,未来拼多多将贡献更多力量。

正如我此前所说，对于拼多多而言，上市只是"起点"，我们刚刚踏上赛道，渴望释放力量，创造更多价值。

我们深知，今天过后，明天的挑战会越来越多；但我们也坚信，冲破重重难关，明天将无限美好。

站在这个"新起点"，我们也向到场的各位嘉宾，以及未能到场的2000小伙伴与数亿用户，发出最诚挚的感谢。

感谢各国投资机构和投资人，在国际资本市场风起云涌的当下，你们展现了对于拼多多以及新电商模式的高度认可与信任。海外路演的过程中，我和团队也因此收获了莫大的信心！谢谢！

感谢各位小伙伴3年来的坚守与付出，正是你们的努力，才有了拼多多今天的基础。此时此刻，依然有不少伙伴奋斗在一线，为平台的点滴进步而不懈努力。谢谢你们。

感谢各位媒体界的朋友和老师，谢谢你们对于拼多多的关注与鞭策，未来，也希望大家不吝贡献智慧，为拼多多建言献策。谢谢你们。

感谢互联网和电商界的前辈，拼多多能取得小小的成绩，是因为站在巨人的肩膀上。谢谢你们。

最后，更要感谢国家，感恩这个伟大的新时代。我们相信，在新时代的砥砺前行者中，将出现更多的拼多多，诞生更多脱胎中国、服务世界的模式与创新！

再次感谢大家！

对于黄峥不去美国敲钟，而是选择留在国内，很多人感到不解。但对于黄峥来说这不是一个伤脑筋的选择，当被人问起这个问题时，他非常淡然：

不去是因为之前有中耳炎，气压变化很难受。我没觉得这个是那么大的事，上市只是一个结果。敲钟这个事情，我们想更多让消费者参与，消费者去美国办签证比较麻烦，让消费者、投资人在一起，大家都在这里，我也在这里，不是更好吗？一个人孤零零到那里去干什么？我们不会因为上市不上市有特别的改变。我们每天都在围绕消费者的需求认真做事情，不会说突然之间股票市场上有一个代码好像就不一样了。或者说黄峥头上顶了一个市值，难道这个人就变了吗？其实什么也没有变。

在人生巅峰时刻，黄峥仍保持着一如既往的清醒，实在难得。

第七章

舆论危机！不解决假货，就会被假货解决

黄峥要承担的不只是对拼多多的责任、对用户的责任，还有对整个社会的责任。

不经事不知事艰，不历事不晓事难。或许直到这时，人生一直顺风顺水的黄峥才真正感受到这个世界的复杂和多面，感受到自己肩上的担子有多重。

假货风波

上市,对于很多企业来说意味着开始了辉煌之路,然而对黄峥来说,却仿佛打开了一个"潘多拉魔盒"。从上市日开始,拼多多就陷入了舆论旋涡之中,舆论攻击的几个点主要集中在"消费者、商标权利人投诉举报拼多多平台上销售山寨、假冒劣质产品"等问题。

2020年7月27日,一则关于拼多多的"假货段子"在网络上走红:"以下品牌恭祝拼多多成功在美国上市:小米新品、松下新品、老于妈、粤利粤、雷碧、康帅傅、娃娃哈、大白兔、太白兔、七匹狼、绿剪口香糖、可日可乐、必相印纸巾、帮宝造、abidas、adidiaos服饰(排名不分先后)。"

2020年7月28日下午,深圳创维-RGB电子有限公司通过官方微博发布声明表示,近期"拼多多"购物平台上出现大量假冒创维品牌的电视产品,严重侵害了消费者和创维品牌权益。同时,声明还列举了拼多多平台部分假冒创维品牌:创维先锋、创维云视TV、创维嘉、创维美、创维酷酷、创维云试听、创维e家、创維等,并表示会保留追究拼多多及相关侵权方责任的全部法律权利。随后,极米无屏电视、大益集团发布官方声明,称未向拼多多购物平台授权或自行销售产品。

2020年7月29日上午,童话大王郑渊洁发微博称,多位读者向他举报拼多多上的"星宝宝家居生活专营店"销售盗版皮皮鲁图书,要求拼多多立即停止销售盗版皮皮鲁图书并处罚关闭此家销售盗版书的店。随后他又在微博上表示,"我要求盗版书商以我的名义向中华慈善总会捐款,否则将追究其刑事责任"。

7月30日,拼多多商家售卖"原价888元、现价7.5元一罐"的贝因美红爱加幼儿配方奶粉的截图又在网上流传,引发网友热议。网上爆料称,拼多多上的贝因美奶粉有10件单价在30元以下,其中多数标注"临近过期 尽快食用",部分消费者在评论区表示,对商品即将过期的消息知情。

随着质疑的声音越来越多,拼多多成了众人口诛笔伐的对象。

其实,"拼多多售假"的指责如同幽灵一般,一路跟随拼多多成长。

早在上市前,拼多多就遭到一家名为"爸爸的选择"(Daddy's Choice)的尿不湿生产商发起的假冒商品侵权诉讼。

阿里巴巴也为外界的质疑提供了证据。2018年1月,阿里巴巴对外发布《2017年阿里巴巴知识产权保护年度报告》,称要"像治理酒驾一样治理假货",提到淘宝的售假商家开始向微商、拼多多等平台转移,并直指其在2017年11月协助苏州市公安局吴中分局一举端掉的制售假冒康宝莱奶昔团伙在拼多多上售卖。

2018年6月初,全国"扫黄打非"办公室对拼多多进行调查发现,平台上存在着涉黄、涉暴力且涉违法的商品,并将有关线索移交相关部门查处,中央电视台等多家权威媒体集中曝光了此事。

在拼多多高速飞奔上市之后,这些早已沉寂的事件与新一轮指责一起,被聚光灯彻底照亮,引发社会舆论前所未有的关注与热议。

最受直接影响的,是拼多多的股价。2018年7月26日上市当天,拼多多开盘报价26.5美元,盘中一度创下27.45美元的高价,市值超过300亿美元(约人民币2038亿元)。但到2018年8月2日,拼多多却以19.27美元的价格开盘,随后持续走低,仅仅一周的时间,就已蒸发近90亿美元(约人民币600亿元)。

从大涨到破发，一切逆转，仅在一周之内完成，实在令人惊心动魄。

更让黄峥焦头烂额的是，一系列假货事件引起了政府部门的高度重视。2020年7月底，国家市场监督管理总局网监司要求上海市工商局约谈平台经营者，并要求上海市和其他相关地方工商、市场监管部门，对媒体反映的以及消费者、商标权利人投诉举报的拼多多平台上销售山寨产品、傍名牌等问题，认真展开调查、检查。

在假货风波爆发之前，拼多多一直是上海的名片，得到了一直困扰于"上海无互联网基因"的当地政府的大力支持。一直以来，黄峥都是非常谨慎地对待与政府的关系，这从拼多多提出的"覆盖90%国家级贫困县""扶持1万名新农人"的口号中可以看出。甚至就连上市敲钟，黄峥也没有去美国，而是选择留在上海。

但售假问题是政府不可触犯的底线。

有光环的地方就有暗影，此时的拼多多，就像是戴着镣铐在跳舞。能否处理好假货纷争的问题，成为黄峥创业以来面临的最大挑战。

"十月围城"

对于拼多多所遭受的舆论"围剿",其实黄峥并不意外,在拼多多的发展道路上,问题和危机永远是层出不穷的。

2018年的6月13日,还曾爆发过一次中小商户围剿拼多多事件。极具戏剧性的是,这次事件正是由拼多多严厉打假引发的。

自从售假事件接二连三在网上曝光之后,拼多多一下子从对入驻商户的无审核状态,突然变成了重度监管,很多商家因为违规被处罚,对拼多多平台的负面情绪越积越多。最终,他们找到了一个出口——到拼多多公司维权。

当时几十个商家代表穿着印有"拼多多,欺骗消费者,还我血汗钱,非法冻结商家资金"字样的白色T恤,聚集在位于上海娄山关路的拼多多办公大楼外,情绪激动地声讨拼多多:"以前卖得好好的,凭什么要我的货下架?""罚款去向哪里,要给我出示证据。""拼多多要是不把保证金还给我,我就在楼下一直坐着。"

在这些中小商户眼中,黄峥是一个不守诚信、出尔反尔的人。在他们看来,过去拼多多对中小商户一直采取迎合的态度。2017年11月,拼多多提出"0元入驻,打造爆品",曾吸引了一批商家从淘宝转向拼多多,使它快速做到了2亿~3亿用户的体量。但是现在,拼多多的态度突然大变,对商家的处罚越来越严厉,令这些中小商户不但无法理解,更无法接受。

而实际上,黄峥对假货的态度一直是始终如一的:严厉打击,绝不姑息。

黄峥在 2017 年接受采访的时候就曾提到,团队中负责打假的人数占据 1/3 左右,拼多多采取了极其严格的处罚措施。

原因在于,假货问题一直是制约拼多多发展的瓶颈,甚至是"原罪"。早在成立之初,拼多多的假货和质量问题就已经暴露出来,其中有一个原因是源于粗放扩张时,对于合作方的低准入门槛。拼多多在招募商家时,采取零门槛、无佣金免费开店的方式吸引商家。早期普通商家入驻拼多多只需要提供身份证及本人照片,食品商家提供相关许可证,即可入驻开店。非海淘个人保证金在 2000 元到 10000 元之间,海淘个人保证金金额为 10000 元。后来拼多多才逐渐减少了个人商家的比例。在供应链和物流层面并无优势的拼多多,为了卖出商品,采取的是低价策略,拼命压价只能降低商品质量。

拼多多平台的矛盾在于,很难保证用户和商家的利益平衡。拼多多也因此被冠上了"坑多多"的名号。消费者对廉价的物品不满意,频频投诉。

面对商品质量问题,黄峥采取的是严厉打击的策略。在拼多多平台上,假货处罚标准非常严苛。按照官方协议,消费者赔付金制度包括假一赔十、劣一赔三、延迟发货 3 元 / 单、虚假发货 5 元 / 单 ~40 元 / 单。其中"假一赔十、劣一赔三"针对整个批次进行赔付。这也直接导致拼多多平台上商家受罚的金额相对较高。

当商家遭遇多次投诉时,拼多多团队会对商品进行检测,确实检测为假货,就会对商家进行惩罚。但很多商家认为,拼多多的条例过于严苛,处罚频率高。有时一批货已经发出才得到通知,导致损失严重。

这导致了商家持续不断地到拼多多的上海总部维权,甚至尾随、威胁员工。黄峥曾在"新经济100人"CEO峰会上对着听众抱怨:"因为一直被威胁,就想找个地方吐槽、发泄。"

这次的维权事件只不过是一个缩影。

但令人意想不到的是,这一事件竟然迅速地在网上发酵,最终演变成为社会热点,一时间,批评与指责铺天盖地地向黄峥袭来,让他有些不堪重负。就连他的母亲都打来电话:"为什么?怎么会这样?"那是母亲第一次过问他的工作。

根据官方数据,当时拼多多的月活跃商户数超过100万,几十个商户在这个群体里并不算多,但抗议的事情演变成为群体事件,完全出乎黄峥的预料。他身边的一位员工私下表示,事情刚出来时,黄峥每天都很困惑,为什么大家(舆论)会这样批评拼多多?

他开始思考,是不是拼多多与外界的沟通出现了问题?

程序员出身的黄峥并不擅长沟通,在他看来,程序是可控的,写代码只需要面对计算机,但是面对社会的时候,情况却大不一样,很多时候他会习惯性地选择躲避。他曾这样解释:"不知道怎么沟通,不知道怎么沟通就想是不是能晚一点沟通,一直拖到后来就变成大家搞不清楚你在干什么。"正因为他的这一性格,拼多多的公共沟通不但无助于解决危机,反而使危机进一步扩大化。

这件突然爆发的风波让他意识到,拼多多跟自己以前创业的很多项目都不一样,这家公司已经具备了一定的公众规模,现在应该承担更多的公众沟通责任。

不善言辞、不爱抛头露面的黄峥,终于选择把很多问题"摊开了去说"。2018年6月18日,在阿里、京东购物狂欢节激战之际,拼多多紧急召开媒体沟通会,黄峥主动面对媒体,对维权事件进行回应,这也是拼多多创立三年来他第一次进行回应。

"近期的这些事情让我联想到了'十月围城'。"在媒体沟通会上,黄峥如此形容自己当下的处境。

接着，黄峥敞开心扉，针对消费者们关注和质疑的问题一一进行了回答和解释，为人们解开了谜团。

关于拼多多的盈利模式，外界有很多议论，有些声音质疑拼多多是不是靠商家罚款实现盈利。针对这种声音，黄峥表示："拼多多所有的罚款，都是赔付给消费者的，拼多多不能从中牟利。"在拼多多的模式中，商家因售假、虚假宣传等冻结的资金，会全部赔付给消费者，而且在整个交易链路中，均通过第三方的监管账户进行，然后从监管账户到商家，拼多多本身不触碰资金。

针对拼多多的盈利方式，黄峥解释称盈利是来源于广告："跟淘宝和天猫上的广告类似，只不过拼多多的广告更多是像 Facebook 那样的信息流的广告，淘宝和天猫的模式是引擎类的广告，电商是离钱很近的生意，广告就是一个很大的市场。"

黄峥还表示："希望以这个事情为契机，让公司变得更加透明……我们需要做的事情就是把更多的信息公开，让大家能够直接看到，这个可能逐渐有一个过程，甚至有一天可能我们的财报也可以给大家看，我们的组织架构等等所有的东西，我希望慢慢地来推动。"

除了与媒体沟通之外，拼多多还通过微博发布了对维权事件的情况说明：

> 6月13日13时许，拼多多上海办公所在地，14名商家以"维权"为名，冲撞、击打写字楼保安人员，强行翻越闸机，抢占电梯，干扰正常办公秩序。后经写字楼物业公司报警，警方进行了现场处置。
>
> 发生这一冲突，我们深表遗憾。任何商家钱款被扣都难免心有不甘，我们体谅商家的过激行为，原本无意就此对外发声，不

过，个别问题商家将其现场拍摄的视频在社交媒体广为散布，多家媒体也表示关切，现有必要将情况加以说明。

昨日现场聚集的 14 名问题商家中，7 家存在售假情况，6 家存在商品描述不符情况，1 家存在虚假发货情况。相关事实平台已经初审、复核程序核查，证据确凿。依据商家入驻平台时与拼多多共同签署的《平台合作协议》，拼多多按相应情形，分别对问题商家做出扣除"消费者赔偿金"的处理。

所扣除的"消费者赔偿金"，均已全部赔付相关消费者，拼多多分文不取。对商家扣款和对消费者赔付，均有极其严格的资金监管流程，所谓"靠罚款商家牟利"一说纯属误读，事实上也绝无可能发生。

问题商家的过激"维权"，一些人对平台严处的误读，并非偶发，时时让我们备感压力。但拼多多从成立第一天起就投身打假，执行的可能是电商行业最严的"假一赔十"标准，并严格要求合作商家货要对板、发货按时。

无论压力多大，我们打假的决心不变，我们站在消费者的立场始终不变。

我们希望，问题商家能够理性维权，可以依法通过司法程序主张自己的权益。

我们相信，诚信经营才有明天。除了售假商家会被我们永久拉黑之外，出现商品描述不符或发货问题的商家，及时弥补失误后，来年销售额过千万、过亿元的成功商家，在拼多多平台上比比皆是。

谢谢各位关注。

一场风波，总算暂时平息。然而，隐患却始终没有得到根除。

黄峥深知，随着拼多多引起监管层越来越多的注意，如何让系统有效甄别商品真伪及质量，避免出现更大范围的维权，在商家、消费者之间找到平衡点，补齐这两个短板，如何加速平台进化，以及帮助商家共同进化，成为拼多多未来一段时间内急需考虑及解决的问题。

在他看来，商家和消费者之间并不存在真正的矛盾，因为商户肯定也想取悦消费者，而拼多多作为一个平台，最重要的是保证经营环境的公平，不能出现机制性的问题：

> 平台要保证公平，保护好的人，惩罚坏的人，避免出现劣币驱逐良币的现象。就像夫妻吵架，早点吵架矛盾早点暴露，就能早点解决。不要憋到最后一吵就离婚。

而这次事件，意味着"吵架"才刚刚开始，更大的风波仍在酝酿中。正因为早已做好了这样的心理准备，当此起彼伏的假货事件爆发时，黄峥才没有慌了手脚，而是以一种开放的态度从容应对。

主动担责：拼多多不只是生意

对这次假货风波，黄峥选择了主动担责，他不再像以往一样躲在幕后，而是站了出来，直接与媒体进行沟通。

2018年7月31日，拼多多在公司总部临时召开了一场媒体沟通会，因为与已有的行程安排有所冲突，黄峥原本没打算参加这场会议，现场媒体在结束后也已经走了一半，但他临时赶回了公司，非要和媒体人再聊一次，希望与他们坦诚沟通。

在这次媒体沟通会上，黄峥先是坦率地承认了拼多多的问题——山寨的问题，拼多多确实做得不够好。他说："山寨的问题我觉得比假货要严重，平台这里也是需要有价值观，有些白牌机去蹭流量，消费者没有得到好处。"

他说，网络段子里编的山寨货，除了"小米新品"是真的，"雷碧"和"七匹狼"等商品在拼多多上是不存在的。从价值观角度来说，这些品牌不够本分，希望占知名品牌的便宜，但不代表他们质量不过关，这和假货是两回事，性质不同。山寨产品的问题在纸巾、拖鞋和衣服等非标品类中出现较少，而在品牌集中度极高的家电品牌中，则表现得比较明显，也尤其需要针对性的解决方案。

他用小米举例称，雷军用自己的生态链企业，去赋能那些可能沦为山寨的厂商，引导和改造他们，生产出质量好的自有品牌产品。类似的方式还有网易严选和无印良品,都是引导赋能优秀工厂生产自由品牌的典范。

他解释说:"(处理)山寨产品的问题,拼多多当前肯定做得不够,不是请求大家多给我们时间,而是不同品类应该不同对待,按优先级处理。"

拼多多的平均客单价40元左右,而山寨的大宗电器都需要几百块成本,所以它们并非拼多多的主流品类。与摆在客厅的电视相比,手机这种贴身产品的安全性更重要,它的山寨问题要优先解决。

黄峥说拼多多一直在认真打假,态度鲜明、从未犹豫,希望在未来一个月内针对重点品类产生初步解决方案,然后持续推进下去,不会停留在起步阶段。

对于平台上假货数量的争议,黄峥认为从销售比例上看,能够被定义为假货的量要远低于很多媒体的想象,这很大程度上是由拼多多35元~40元的客单价决定的,"40元的东西作假也要成本的",在这方面拼多多不怕抽样调查。

这之前拼多多曾经采用过巨额罚款的问题处理违规商家,黄峥说这种方式谈不上是根本性的解决方案,但也解决了很多问题。随着拼多多面对商户话语权的提升,通过调位置、评分和销售记录等方式处理售假商户的可行性越来越强,消费者赔付金占整个品牌GMV(商品交易总额)的比例也在快速下降。

对于鉴定假货的流程,拼多多目前主要有两种方式:一种是消费者和品牌商投诉后,商品立刻进入抽检流程,随机抽消费者将商品寄回平台,全程取证并交由第三方检验,这是两年前就采用的方式;另一种是公开链接,消费者发现侵权后自行提交申请。

阿里巴巴曾经利用与淘宝模式不同的B2C天猫商城来解决假货问题,但黄峥强调称,拼多多现在和未来都不会做天猫模式,"不是不愿意做，而是做了以后来不及打假我们可能就死了……天猫不会允许另外一个天猫存在"，拼多多需要其他路径去做品牌升级。

之所以外界有声音称拼多多一直打假但假货不断，黄峥说因为很多人寻找假货是从搜索入口进行查找，而搜索场景并非拼多多的典型使用场景，所以拼多多以前优化更多的是非搜索场景，未来拼多多会对搜索场景下的关键词封停和模糊匹配做更多优化。

黄峥向现场媒体人保证说，未来拼多多制定的打假方案，会比现在借鉴淘宝治理经验形成的行业标准更高，"希望大家一个月、两个月之后再来看看我们"。

此前备受关注的低价奶粉事件，黄峥说奶粉并不假，只是因为"临期"（接近保质期）所以价格很低，奶粉业内销售临期奶粉是正常现象，在市场上的存量也很大，直接扔掉非常浪费。虽然奶粉是真的，但临期奶该不该卖、多久能卖都是值得研究的问题。

对于未来的打假规划，黄峥表示，与老百姓切身利益最相关、最伤害老百姓利益的产品，拼多多会集中力量优先处理，而且不会仅仅停留在提醒消费者的粗浅阶段，而是会持续推进下去，明确打假标准。

对于那些产品质量过关、但想蹭大品牌流量的厂商，拼多多会引导他们往建设自主品牌的方向走，而不是总想着占大品牌的便宜。

"舆情来得太快，这么多事情每个都列一个时间表实在是仓促，我们已经把临期奶粉率先改了，警示内容更加醒目，其他问题也会追问下去。"

为了证明自己处理问题的决心，他说拼多多做了一个简单又艰难的决定：公司全员期权锁定三年。一方面是希望把公司做好，而不是快速套现；另一方面也希望通过上市让公司各方面都更加规范。

"全中国可能没有比我们更努力在打假的平台了。"黄峥认为团队的努力没有白费。在媒体交流会上，他强调，过去1年拼多多的复购率翻了一倍，客单价也从早期的十多块上升到了四五十块。

3个小时的坦诚沟通，黄峥努力传递着自己的善意与诚意，总算暂时平缓了舆论压力。

在此之前，黄峥还发布了一封题为"坚持本分，即使是恶意的攻击，也要善意地解读"的全体员工信：

坚持本分，即使是恶意的攻击，也要善意地解读。刚刚和大家开完员工大会，讲完所有人一起期权锁定三年，继续埋头苦干，准备迎接关注、赞扬、诋毁甚至攻击。没想到，第二天就来了，来得如此强烈。在这里我想对大家说两句。

1. 我们要团结，要坚信过去一起开创的模式。虽然今天离Costco + Disney还很远，但过去的实践表明它有着顽强的生命力和巨大的前景。我们要坚信为最广大的消费者创造价值才有未来。

2. 要坚持本分，面对质疑先求责于己，要拥抱公众和竞争对手的监督，忽略股价的波动，拿出钉钉子的精神，一个一个扎扎实实解决实际问题。

3. 要消费者导向，不要竞争导向。面对纷至沓来的质疑，甚至扣帽子，我们自己不要慌乱，不能眉毛胡子一把抓，不能试图一蹴而就。不能竞争导向，别人指什么我们才做什么，要牢牢地抓住消费者导向，从消费者最最切身的利益点开始抓，开始改，持续地改。大家聚在一起是缘分，能遇上拼多多是我们的幸运，要勇于承担起责任，持续承受质疑甚至冤枉。

没有一个伟大的变革和创造会来得那么容易，那么显而易见。一边倒的正面不是我们追求的，一边倒的负面也从来不是真实的拼多多。我们要扎到最最实处，埋头苦干，一点一滴地推动拼多多实实在在地进步。[1]

在这封信中，黄峥仍然强调要坚持本分，而在他看来，打假正是拼多多的本分，他决定以破釜沉舟的打假决心，将假货与山寨问题一网打尽，为拼多多的未来发展扫除障碍。如果不把"假货"这个标签撕掉，拼多多只能兴盛一时，开创的商业模式和拓展的消费人群迟早是为他人作嫁衣。

2011年，淘宝遭遇"十月围城"，后来接替马云成为阿里巴巴掌门人的张勇事后反思，身系千万家中小企业和数亿消费者的阿里做的不仅是生意，这个平台更是有社会公共属性的。如今的拼多多也已经聚拢了6亿多用户和几百万商家，也不再是单纯的生意了。黄峥要承担的不只是对拼多多的责任、对用户的责任，还有对整个社会的责任。

不经事不知事艰，不历事不晓事难。或许直到这时，人生一直顺风顺水的黄峥才真正感受到这个世界的复杂和多面，感受到自己肩上的担子有多重。

---

[1]引自《拼多多创始人黄峥发声，一边倒的负面这不是真实的拼多多》，搜狐新闻，2018年7月。

7天，关店千家！

在拼多多被推上舆论的风口浪尖时，有人曾经向段永平提问如何看待拼多多的假货和次品问题，段永平回应："我还没用过拼多多，但我对黄峥有很高的信任度。给他10年时间，大家会看到他们厉害的地方的。"

黄峥没有辜负师傅的信任。

媒体沟通会后，黄峥果断启动"双打"行动，以壮士断腕的勇气与决心来去除顽疾。

2018年8月22日晚上，拼多多发布了《关于整治涉嫌销售假冒侵权商品的公开信》，公布了"双打行动"的打假战果：

> 2018年7月底以来，关于拼多多平台涉嫌销售假冒侵权商品的舆情爆发。8月2日，国家市场监督管理总局约谈拼多多，要求对舆情关注事项立即全面整改并举一反三。
>
> 面对舆情和整改要求，作为一个全国性电商平台，拼多多深刻认识到平台还存在对知识产权保护重视程度不够、履行平台主体责任能力有所缺失、平台内部治理不够规范等诸多问题。
>
> 拼多多深知，存在于过去的问题不应该继续存在于未来，有担当的企业应该通过创造性地解决存量问题来寻求发展，和实现

自身社会价值。

痛定思痛，教训深刻。拼多多将全面补短板、补漏洞，拿出钉钉子的精神，一个一个扎扎实实解决实际问题，持续从消费者最最切身的利益点开始抓，开始改，持续地改。

近段时间，按照国家市场监督管理总局要求，在上海市工商行政管理局和长宁区市场监督管理局等监管部门的全程指导下，拼多多立即核实处理了舆情报道中涉嫌侵权的商品，对于没有商标注册证、涉嫌"傍名牌"侵权电视机商品和媒体报道的其他涉嫌假冒侵权商品全部下架处理，对于媒体报道中提及的"广州市番禺区大石街"等区域"傍名牌"电视机商家入驻和商品上架申请不予受理。同时，拼多多以"傍名牌"等涉嫌侵犯知识产权行为为重点，对平台商家和商品开展全面清查。自8月2日至8月9日期间，平台强制关店1128家，下架商品近430万件，批量拦截疑似假冒商品链接超过45万条。此外，拼多多通过升级技术手段，使消费者输入山寨词的搜索结果指向正规品牌，促使"傍名牌"商家无利可图而主动停止此类行为，目前此类山寨词库每天都在更新和丰富当中。拼多多也开设了专门的举报邮箱copyright@pinduoduo.com，欢迎消费者、权利人和社会公众举报，以加强清理涉嫌假冒侵权商品的精准度和全面性。

根据清查进度，拼多多近日向长宁区市场监督管理局报送36家涉嫌违法商家信息，后续将根据清查结果继续向属地市场监管部门报送涉嫌违法商家信息。

拼多多将全面升级商家入驻系统，通过接入公安系统验证身份信息，确保静态采集的照片与公安系统留底图像一致；采取人脸采集和活体检测技术，通过人脸采集动作交互的方式，确保是本人在线表达入驻平台意愿；在入驻系统完成升级之前，平台对入驻主体身份实行100%人工审核。

拼多多将继续大幅增加技术和人力投入，进一步开发山寨品牌关键词自动拓展技术和联想屏蔽技术、图片文字识别技术，建立平台推荐位黑名单制度，创建平台知识产权服务中心，鼓励、扶持商家申请商标，培育自主品牌，通过疏堵结合、利益导向的一系列治理措施，引导商家良性发展。

拼多多也将在政府监管部门指导下，进一步完善平台治理规则，建立主体数据共享、违法行为大数据管理、涉嫌违法商家信息双向推送、网上消费维权等机制，协助政府监管部门切实打击违法行为，维护消费者和权利人的合法权益。

所有支持、建议、监督、规劝、批评拼多多的声音都是拼多多成长的动力。拼多多再次向所有针对拼多多发出的声音表示感谢！正是这些声音，我们深刻反思以往工作中的问题，深刻认识平台对消费者和权利人的责任，深刻体会政府和社会对拼多多的期待！拼多多将以此次整改为契机，持续加强内部建设，强化履行平台主体责任，进一步维护消费者和权利人的合法权益，为全面建成小康社会贡献自己的力量。

短短1周的时间，关店千家！黄峥用这种刮骨疗伤式的行动，说明了拼多多对于假货的零容忍态度。

关停这么多店铺，下架这么多商品，对拼多多来说影响是巨大的，但为了平台的健康发展，这又是必须要经历的痛苦。不对自己身上出现的疾病进行刮骨疗伤式的治疗，就难以保证整个身体的健康，黄峥相信，经过这次行动，拼多多以后的发展会越来越健康。

"双打行动"并未结束，黄峥深知，打假是一场漫长而复杂的战役，只有开始，没有结束，正如他所说，"打击假货和山寨傍名牌现象是一场持久战,永远没有结束的那一刻"。

他是这样说的,也是这样做的。在黄峥的引领下,拼多多仍在为治理假货问题做出不懈的努力:

2018年9月份,拼多多主动关闭了涉嫌违法违规的店铺5500多家,下架问题商品超过770万件,前置拦截疑似假冒商品链接超过300万条。

2018年10月份,拼多多又主动关闭涉嫌违法违规店铺5000多家,下架商品超过480万件,前置拦截疑似假冒商品链接超过380万条。

2018年11月,拼多多联手美的,协助警方破获一起制售假冒美的牌电磁炉案件。位于广东的涉案工厂被关停,相关嫌疑人被抓捕,关联店铺全部予以关店处罚。

2019年,拼多多全面升级了商家入驻系统,基于海量数据挖掘、分析、开发完成了假货识别算法,建立了一系列模型矩阵。特别是在2019年"618"前夕,拼多多基于分布式AI技术系统,与各级市场监管部门携手,实施"塔防行动",严厉打击"借一件代发之名销售假冒伪劣"的现象,严控其他传统"假货高地"电商平台,特别是批发类电商平台对新电商平台的溢出效应。不仅如此,拼多多还上线了知识产权保护系统,联合1000多家品牌权利人展开知产合作,开辟绿色通道快速处理相关诉求,并与中国出版协会、新华文轩出版传媒股份公司等签署版权保护协议,一如既往尊重智力劳动成果,并为此而继续努力。

2019年12月,拼多多创设"假一赔十"消费者赔付金制度,这一创新性的制度被最高人民法院纳入中国互联网司法十大典型案例之首,肯定了平台在自治打假方面所做的规则创新。

……

"我们必须履行我们的社会责任,并优先考虑消费者的利益,因为没有他们,就不会有拼多多。"拼多多于2020年3月15日发布的《消费者权益保护年度报告(2019)》中如是说。

第八章

巨头夹击下,逆势崛起

我觉得我们应该要感谢竞争,因为竞争让我们速度更快,更快地给用户提供服务。我们在过去这个季度取得了这样好的结果,其实竞争也是一个重要的因素。我认为今天的中国电商市场还不是一个"零和"的局势,电商还处于发展的早中期阶段。

令全民疯狂的百亿补贴

无论是黄峥个人微信公众号上的文章,还是他写的致股东信,都能令人清晰地感受到从巴菲特、段永平身上传承来的价值投资思维对黄峥的巨大影响。

黄峥在拼多多的第一封致股东信里说:

"拼多多将是个勇于投资未来,立足长远的公司。它有时可能看起来激进,有时显得过于保守,但它其实都是因循一个简单的一贯逻辑,那就是专注于这个机构的内在价值。"

在个人公众号文章《如投资的创业与如创业的投资》中,他写道:

"巴菲特在谈到投资标的的时候,时常会提到一个概念:生意的护城河(moats)。如果把创业过程中的各种决策都当作是投资决策,那么我们得去分辨我们用时间和钱换来的东西哪些是资产(asset),哪些是费用(cost),那些随着时间流逝、对加深生意的护城河有利的往往是'资产',那些时间越久对自己越不利的可以看成是费用。在资产的购置上,错误的浪费其实是不太会的,最多只是买贵了一些。而在费用的浪费上则是非常可恶的,往往还有副作用。

创业过程中有一类特殊的资产是在某一种文化下团结起来的人,也有一类费用是用来购买劳动力或技能的成本。这两者的分辨和转化是很有意思的事儿,也是 ROI 特别高的事儿。如果费用都变成了可增值资产,那估计我们的 CFO、投资人都要笑得睡不着了。但有意思的是很多时候投资的时候,对这样重大的、差异的分辨又往往是草率且权重远远不足的。"

在经营拼多多的过程中,黄峥也将价值投资思维进行了深度应用,一个最典型的案例就是 2019 年 6 月启动的"百亿补贴"。

2019 年 6 月,京东、淘宝等各大电商平台的 618 活动纷纷吹响了号角。为了在这场战局中赢得一席之地,黄峥祭出了"大杀器"——从 2019 年 6 月 1 日起,拼多多全面启动"百亿补贴"大促,甄选 10000 款最受全国消费者欢迎的商品进行大面积补贴。用户通过拼多多 App 首页的"百亿补贴"入口,便可进入大促会场。

所谓"百亿补贴",就是用户买到的价格 = 成本价 - 平台补贴金额,而这个价格,基本上是低于市面行情价的。简而言之,就是拼多多烧钱,直接降价,让利消费者。

当时刚成立不到 4 周年的拼多多,单季亏损高达 19 亿元,账面现金资产不到 400 亿。在很多人看来,黄峥采取这样的策略,无疑是一场豪赌。

拼多多"简单粗暴"的真优惠,让消费者们眼前一亮。在拼多多上,平台戴森电吹风最低价仅售 2100 元,相比官方价便宜 1000 元左右;尼康 D3500 套机仅售 2369 元,博世(BOSE)QC35 降噪耳机仅售 1480 元,较官方价降幅接近一半;"国民神车"五菱宏光,补贴价仅为 3.49 万元;过去人们"望价兴叹"的茅台,也在"百亿补贴"之列,43 度飞天茅台,补贴后仅 819 元一瓶……除此之外,"百亿补贴"活动还涵盖花王、惠普、阿迪达斯、迪奥等诸多大品牌,覆盖了手机数码、美妆产品、家电、百货、运动、办公等几乎所有品类。甚至褚橙系列、智利车厘子、越南青芒、东北优质大米、品牌牛羊鸡肉等各地特色农产品在这里也都能找到。

其中对苹果产品的高额补贴,更是"百亿补贴"活动中的重磅炸弹。2019 年,拼多多百亿补贴入口售出了超过 200 万台苹果手机,补贴最高的是 iPhone 11 Pro Max 256GB 版,比官网指导价便宜 1600 元,仅苹果手机一项,拼多多就烧掉了 10 亿元。苹果新款 iPhone SE 2 发售后,"竞猜多多价"成为大量网友、科技博主的关注重点,数百万网友涌入了拼多多官方微博、微信和 App 后台,要求拼多多"安排上百亿补贴"。而拼多多也不负众望,首发即破价,将市面起售价 3299 元的新款 iPhone SE2 补到了"2000 元时代",最低 2899 元到手,直接创下新款苹果手机的低价纪录,一度出现"一机难求"的场面。对 iPad Pro 的补贴也令消费者疯狂,京东同款到手价 5899 元、天猫 5731 元起,拼多多却只需 5199 元。

这种价格直降的打法,精准地击中了消费者的痛点。过去,无论是双十一购物节还是"618",各大电商平台都会玩一些先涨价再用券的方式,而且优惠券的算法越来越复杂,要各种凑单,或者让消费者通过"叠蛋糕"等拉人头,令人焦头烂额,烦不胜烦。但拼多多却走了另一条路,通过"百亿补贴"直接降到低价,既不需要用户去计算复杂的红包津贴,也不需要拼手速、付定金买预售,没有任何套路,让消费者看到了一个"大促"应有的样子。在经历了眼花缭乱的造概念、红包雨、复杂的满减规则等电商玩法后,电商平台的竞争终于又回到了最原始的赛道——价格。

这一局,黄峥赌赢了。

拼多多公开的数据显示,2019 年 6 月 1 日启动当天,平台需求呈井喷态势,第一小时销售额较去年同期涨幅超过 10 倍。其中苹果系列电子产品单日销售额达 2.5 亿元,母婴、食品类产品销售额同比增幅超过 400%,水果生鲜在内的农产品日订单量突破 500 万单。可以说,拼多多不仅展示了自己的实力，还成功地抢到了大家的流量。[1]

在活动上线前，拼多多的年活跃用户环比增速在2019年3月底降至6%，当季新增用户仅2480万人，创造了历史最低纪录。"百亿补贴"一推出，其环比增速就回升至9%，在三季度更是回升到11%。第四季度拼多多净增用户达到4890万，比阿里（新增1800万）和京东（新增2760万）的总和还高。2019年拼多多整年的订单量达到197亿，比去年增加86亿。这一年，全国快递件数达到635亿，比上一年增加128亿。这意味着，2019年全国快递新增市场里的70%，都让拼多多一家给拿走了。显然，百亿补贴计划对拼多多而言无疑是一针强心剂。

拼多多2020年第一季度财报也显示，在截至2020年第一季度的前12个月内，拼多多的年度活跃买家数达6.28亿，单季度劲增4290万。拼多多只用了不到5年的时间，用户从0增长到超过6亿，创造了电商行业新纪录。

一直以来，"低价"都是拼多多的起家法宝，但在这场大战中，拼多多之所以能大获全胜，靠的绝不只是低价，更为重要的是，拼多多已经形成了一套独特的打法，不但有充足的实力把价格做低，而且能精准补贴到消费者，补贴到用户最需要的产品中。

为了提高"百亿补贴"活动的吸引力，黄峥专门成立了"百亿补贴小组"，24小时随时比对线上线下所有渠道的商品价格，随时保持产品的价格全平台最低。同时利用大数据随时调整补贴产品，保证这补贴的上万款产品是真正的销售爆款，而不是补贴一些没人买的东西。除此之外，拼多多还会针对不同地区进行针对性的补贴，比如，天气热的地方补贴电扇，天气潮的地方补贴烘干机，确保低价正品的补贴

---

[1]引自《618拼多多异军突起，百亿补贴打造上万爆品》，搜狐新闻，2019年6月。

能够真正触达核心人群，这种精准的补贴打法，不但有效而且确实实惠，还让消费者得到了非常好的消费体验。

拼多多大数据研究中心首席分析师王涛在接受媒体采访时曾经提到过拼多多为"百亿补贴"付出的努力："'百亿补贴'是一场针对4.43亿平台用户的大牌'普惠'活动，本质上是将消费者的需求前置化——我们为消费者找到他们最想要的商品，而不是向消费者推荐商品。整个大促期间，我们会随时保持需求沟通机制。用户可以通过留言、客服、评论等多种方式，告知他们的需求。'百亿补贴'配备了300人的专职采买组，不论是藏区某地特产的牦牛肉，还是希腊某款小众洗护产品，消费者负责提需求，我们负责击穿商品历史底价。"

在保障商品品质上，拼多多团队也做了很大的努力。对于入驻平台的品牌商家，拼多多要求必须要有品牌授权，对其提供的入驻材料还会进行严格审核，非正品不予通过。除此之外，拼多多还联合中国人保财险推出"正品保证保险"，所有百亿补贴范围内的商品都能享受到"正品保证保险"，支持商品鉴定，一旦发现是假货，即可发起理赔，假一赔十，单次赔偿限额25万元。黄峥希望通过这种方式告诉消费者：正品好货，我也可以。

黄峥花这么大的血本进行如此精准的补贴战，核心目标非常明确，就是通过品牌标品的优惠，冲击一线城市的消费者，让这些电商主流群体能够通过低价的品牌消费，重新认识拼多多的价值。这是黄峥为拼多多用户和品牌升级采取的一个重要举措，也是拼多多真正能够让阿里和京东感到威胁的原因。而事实证明，他的这一目标已经实现了，根据《人民日报》的《中国青年发展报告》，到2020年，拼多多平台上已经有超过八成为青年用户，而根据极光大数据报告，截至2019年第一季度，拼多多的新增用户中有44.2%来自二线及以上城市，并且这一比例呈持续上升趋势。

而另一方面,拼多多在农产品上的优势还在不断放大,"百亿补贴"刚启动10天,拼多多平台就已经卖出67亿元水果生鲜、食品等农(副)产品,较2018年同期增长310%,是当之无愧的农产品电商第一平台。而值得一提的是,拼多多在农产品方面的优势也得到了城市用户的追捧,尤其是在近些年水果价格大涨的情况下,在拼多多上买水果和农产品,已经成了很多城市用户的首选。

为了推行"百亿补贴",整个2019年,拼多多在市场营销上花掉了272亿元,而它的收入只有301亿元。拼多多兑现了"百亿补贴"的承诺,让它不是一个空洞的噱头。因为口碑反馈良好,拼多多还决定将活动延长,使"百亿补贴"成为拼多多的长期战略,这也意味着,他们要投入更多的资金。

"百亿补贴"仍在继续,是否能价有所值?很多人打了个问号。

不过,在黄峥看来:

> 我们把花钱看作是一种投资,是一种长期的机遇,有了这样的机遇,就要去大量地投资,而不是说把钱都存着。所以有时候会陷入一种境地,如果数字表现得不错,但实际上是我们没有抓住机遇去投资,总是很保守。但是有时候,数字表现不佳,却说明我们抓住了投资机会去做了投资。我们的"百亿补贴"不是口号,所花的每一分钱都值得的。[1]

虽然在拼多多的财务报表中,"百亿补贴"被记为大额费用,但换来的是消费者的信任与复购的习惯,而信任是最为值钱的资产。

---

[1] 引自《还原拼多多结盟国美始末:闪电战与出局者》,郭朝飞,《蓝洞商业》,2020年4月。

在 2019 年的致股东信里，黄峥也是这样说的：

"同样的，现在的拼多多也具备了产生大额营收的能力，当前的短期开销和营收只有很弱的关联。账面上的短期费用（我们认为相当一部分是具有价值的投资）也有极强的随时可调性。我想，拿'储蓄罐'里的钱去存定期恐怕不是一个好主意。我们在相当长的一段时间内将不会改变现在的经营策略，将持续聚焦在企业内生价值上，积极寻找对长期公司价值有利的投入机会，即使这些投入按照会计准则会被记为大额短期费用。"

2020 年，拼多多的年度活跃用户数已经达到 6.28 亿，平均每位消费者的年度购买金额达到 1842 元，较"百亿补贴"之前，获得了大幅增长。

但黄峥依然面临新的挑战——京东、淘宝等电商巨头怎能坐视拼多多发展壮大？

来自京东、淘宝的反击

令全民疯狂的"百亿补贴"大促活动,将拼多多的发展策略展现得淋漓尽致:一方面牢牢占据了下沉市场的优势,另一方面,又通过极具性价比的补贴战略攻入一、二线城市,让电商江湖传统的"猫狗大战"变成了"猫拼狗"的局面,让多年来看似牢不可破的双雄争霸格局被奇迹般地颠覆!

拼多多的强势崛起,对京东造成了巨大的威胁。拼多多2019财年中报显示,过去一年,拼多多的GMV同比增长170.5%,达7091亿元。而同一时期,京东营业收入同比增长23%,虽然京东并未公布GMV,但2019年10月10日晚,黄峥在拼多多4周年庆的动员会上对内宣布,拼多多最新季度的真实支付GMV已经超过了京东。不仅如此,拼多多的市值也很快超越了京东。2019年10月24日,拼多多的股价大涨12.56%,收盘报价39.96美元,总市值为464.48亿美元,超过京东的448.2亿美元,仅次于市值4492亿美元的阿里巴巴、3.04万亿港元的腾讯控股和5305亿港元的美团点评,跻身中国互联网公司四强。

在2018年拼多多上市前的员工大会上,黄峥曾说过未来3年要在GMV上超过京东,但实际上,拼多多只用1年的时间就完成了这个3年目标,比预计提前了2年。拼多多的成长速度是如此迅猛,比最了解它的创始人的预估还要快得多。

拼多多超越京东，使得京东、淘宝两家都睡不着觉了。虽然暂时还未被拼多多赶超，恐怕阿里巴巴也会感到"后背发凉"。

面对拼多多持续升级的威胁，阿里巴巴、京东先后开始对拼多多进行反击，电商烧钱大战硝烟再起。

京东率先放出大招。2019年"618"期间，在拼多多上线"百亿补贴"后不久，京东便火速跟进，开启了京东版本的"双百亿补贴"。为此，京东还拉来了合作伙伴——快手。两家公司在2019年5月底刚刚签署战略合作协议，不久后即宣布共同启动"双百亿补贴"，针对快手销售的手机、数码家电、美妆等京东商品实现双向补贴，并于2019年6月16日以"京东快手品质购物节"的形式落地第一场大型活动。合作的形式非常简单——京东出货，10万台iPhone11、2万瓶53度茅台、2万台任天堂Switch、5万支M.A.C柔感哑光唇膏等商品均来自京东自营。快手出人，辛巴、二驴、娃娃等快手头部主播，以及快手电商代言人——张雨绮轮番上阵，为京东"带货"。

京东与快手的合作不是一锤子买卖，2020年9月9月和9月10日，两家又联合发起"9.9双百亿补贴"专场。为期两天的活动中，来自京东超市的茅台、五粮液、三只松鼠等海量品牌好物登陆快手，覆盖生活日用吃穿住行各个领域。对于这场以京东超市食品酒水品类为主体的"双百亿补贴"专场，在快手京东双重补贴以及"京东超市9.9周年庆推荐官"王耀庆、明星赵露思以及主播李宣卓、瑜大公子的直播推荐下，清风纸巾热卖30000+单、立白茶籽洗洁精省心装茶籽精华热卖20000+单、华美月饼礼盒中秋月饼大礼包热卖20000+单……

直播间累计观看人次超 2200 万。[1]

除了"双百亿补贴"之外,京东还制定了以站内"大秒杀"和站外"京喜"App 为基础的双轮驱动战略,希望以此触达 5 亿下沉新兴市场消费群体。京东此前面向下沉市场推出社交电商平台京东拼购,玩法与拼多多如出一辙,此后,京东拼购变身社交电商平台"京喜",于 2019 年 9 月 19 日上线 App 和小程序。通过"京喜",京东携手腾讯占据微信"购物"入口,攫取海量流量。通过强悍的京东物流体系,京东又发起"千县万镇 24 小时达"计划,开始了急速下沉。

阿里巴巴也随之重拳出击。淘宝特价版作为急先锋率先单挑拼多多。随后,阿里巴巴又对"巨无霸"聚划算进行了重大的战略调整,并给其定下一个重要任务——聚焦低线级城市和农村市场,承接好淘系内的下沉市场新客,加速渗透三、四线市场。2019 年 4 月,重量级业务天天特卖、淘抢购先后并入聚划算,三大千亿体量的特卖频道三剑合璧,"倚天剑"寒光闪烁,剑指拼多多。

2019 年"双十一"期间,阿里巴巴更是通过聚划算正式启动了"百亿补贴",以此来钳制拼多多的锋芒势头。为了完全对标拼多多,在"双十一"结束后,阿里巴巴还将"百亿补贴"作为长期营销策略,使之成为常态化活动。

聚划算的"百亿补贴"在商品端做出的补贴力度不断加大,不惜与拼多多打起了价格战。比如,聚划算曾将原价 5499 元的 iPhone 11 补贴至 4749 元,同一时期、同商品规格下,拼多多的补贴价是 4799 元。2020 年 4 月 18 日 iPhone SE 新品发售,聚划算上的发售价格直接降到了全网最低的 2799 元。

---

[1] 引自《快手京东"9.9 双百亿补贴"圆满收官》,快科技,2020 年 9 月。

凭借着殷实的家底以及雄厚的平台实力,阿里巴巴的补贴不断加码:春节期间,带来20亿元补贴;疫情期间,又和淘宝爱心助农计划一起提供10亿元爱心助农基金;2020年的"55吾折天盛典",再撒10亿;暑假期间,狂补30亿……

2020年8月,阿里巴巴聚划算又携手众多品牌,在"百亿补贴"的基础上再度升级,推出"正品狂补节",主打正品官方补贴。如果仔细观察聚划算"正品狂补节"的商品就可以发现,聚划算的这次行动显然是有备而来,很多补贴产品都是针对拼多多补贴进行"精准打击"。比如iPhone 11(64G)聚划算补贴后售价为3959元,低于拼多多同款的3979元,11英寸的iPad Pro补贴后售价5479元,低于拼多多的5499元;等等。

阿里巴巴公布的数据显示,截至2019年年末,淘宝移动月活跃用户首度突破8亿,聚划算百亿补贴在Q3季度上线,对品牌正品的官方补贴,进一步拉动了高性价比人群在淘宝平台的消费。此外,艾瑞数据显示,2020年1月,使用手机淘宝的"月度独立设备数"为6.82亿、拼多多为3.46亿。可以看出,阿里的防御策略取得了明显的效果。

京东与阿里巴巴不断亮出的成绩单,显示了其百亿补贴策略的有效进展。据《超对称技术》监测,聚划算双十二启动"百亿补贴"后,拼多多平均销量相比上半月(不含双十二当天)下滑了32.9%,GMV则下滑34.4%。

虽然淘宝、京东来势凶猛,但黄峥依然无惧无畏。这是黄峥面对竞争时一贯的态度。

2019年8月21日,黄峥在财报发布后的电话会议上就曾经回应过电商领域的竞争问题:

> 很多人都问过我竞争的问题,中国电商领域的确是竞争非常

激烈。我想借此机会重申,我们一直关注的是经营以及如何更好地服务于我们的用户,而不是去关注竞争对手在做什么。这个行业的竞争一向非常激烈,但是我们依然在这样的局势中成长到了如今的规模。[1]

我觉得我们应该要感谢竞争,因为竞争让我们速度更快,更快地给用户提供服务。我们在过去这个季度取得了这样好的结果,其实竞争也是一个重要的因素。我认为今天的中国电商市场还不是一个"零和"的局势,电商还处于发展的早中期阶段。我们面向的是一个价值30万亿的零售市场,而且这个市场还在不断扩大。我们应该在资源、活力和创新方面努力,而不是关注竞争对手,争夺市场份额。

在黄峥的带领下,拼多多也越战越勇。

2020年"618"期间,拼多多的"百亿补贴"迎来了1周年。作为"618"预热项目之一,拼多多推出"明星推荐官"活动,在持续加码的"百亿补贴"基础上,针对每场直播投入至少1亿元的额外补贴,确保所有商品一降到底。6月6日首位"明星推荐官"、著名主持人周涛来到拼多多百亿补贴"618"的官方直播间,直播观看人数超1600万,单场销售金额超过1.4亿元,2000件Air Pods Pro、1000瓶53度飞天茅台等商品在上线1秒钟之内遭抢购一空,创造了拼多多直播的新纪录。

2020年8月5日,拼多多又宣布平台将再次提高商品销售的补贴力度,在8月6日正式上线"百亿补贴节"活动,持续至8月8日。

---

[1] 引自《拼多多CEO黄峥谈电商竞争:我们应关注用户而不是竞争对手》,陈宇曦,澎湃新闻,2019年8月21日。

可以想象得到，拼多多与阿里巴巴、京东三方的"百亿补贴"大战一定还会在"618""双十一"交替上演，在一段时间里，三家的贴身肉搏，很难停息。

但黄峥做好了准备。在 2019 年与极客公园创始人张鹏的对话中，黄峥曾经强调拼多多的发展历程中没有什么"关键时刻"，靠的就是一点一滴的反复"斗争"，解决一个一个的问题。

未来，拼多多的斗争还将继续。在终见分晓之前，这场声势浩大、互不相让的"百亿补贴"大战，或许只是一个序章。

疫情之下，逆势增长

2020年开年，一场突如其来的新冠肺炎疫情汹涌而至，在极短的时间里，就由核心疫区武汉蔓延至整个中国。这场重大疫情的突袭，不仅是对国人个体免疫力的挑战，也是一次对中国经济的洗礼。

因为疫情的无情肆虐，中国经济的正常运行节奏被彻底打乱。随着疫情的不断升级，防控形势越来越严峻，加上交通和人口流动管制以及各地区采取的延迟复工政策所造成的冲击波，整个中国经济都被按下了"暂停键"，各行各业都受到了巨大的冲击。

这是中国经济的巨大挑战，也是无数企业不得不面对的生死考验。"危机"，成了疫情暴发以来诸多企业经营者最熟悉的一个字眼。尤其是一些中小微企业，原本就在生存线上挣扎，战战兢兢、如履薄冰，这场危机又把它们推到了悬崖边上，一招不慎，就可能坠入万丈深渊。

西贝董事长贾国龙算了一笔账：西贝在全国60多个城市有400家门店，因为这次疫情，几乎所有门店都已停止营业，仅春节一个月的时间，就损失7亿~8亿元的营业收入。而西贝有2万多员工，一个月只算工资支出也要1.56亿，按照他的估算，目前西贝账上的现金加上贷款最多只能发3个月工资。桔子酒店创始人吴海也发文诉苦，感慨"4月份我们会死翘翘，除非投资人接着投钱"。

有些资金链紧张的中小企业甚至已经无法支撑，只能无奈地选择裁员关门，剩下的大部分企业，也在拼命挣扎，苦苦寻觅一线生机。

然而，拼多多却与众不同，在黄峥的引领下，它不但穿透迷雾、跨越艰难，还趁势崛起，实现了突破性成长。

当疫情突然暴发并迅速向各地蔓延时，"战疫"两个字成了全民关键词。在这场全国上下共同积极投入的抗疫行动中，拼多多是反应最迅速、行动最积极的首批互联网企业。它积极承担社会责任，结合自身优势兼顾消费者与商户利益，采取多样的形式，协同发力，有序开展疫情防控保障工作，共渡难关。

2020年1月23日，拼多多推出了"抗疫情专用频道"，把口罩、体温计、抗病毒冲剂等抗疫情相关物资全部纳入"百亿补贴"的覆盖范围之内，以确保包括口罩、体温计、抗病毒冲剂等在内的应急商品的低价、足量供给。比如，在"一罩难求"的疫情最紧张时期，全网销量最大的20片装医用无菌口罩，拼多多平台单件补贴额达40元，补贴后仅售18.9元。通过"抗疫情专用频道"+"百亿补贴"组合，拼多多为社会共同抗疫提供了强有力的后盾。

虽然人群密集的城市地区是抗击疫情的主战场，然而，在农村地区，情况也不容乐观。春节原本是农产品的销售旺季，但受疫情影响，不少产区的销量受到冲击，包括草莓、猕猴桃等在内的水果，尽管价格一降再降，但销路依旧受阻。这不仅影响了农户当下的收入，也打乱了部分农产区的春耕生产计划，对未来一年的农产品供给提出了严峻考验。另一方面，出于疫情防控的需要，很多城市居民也遭遇了买菜难的问题，农产品的供需匹配，呈现出短期严重失衡的现象。

为了解决这个问题，2020年2月10日，拼多多正式上线"抗疫农货"专区，帮助贫困地区和部分农产区解决特殊时期的农产品滞销问题。这个专区覆盖全国近400个农产区，包括230多个国家级贫困县，商品囊括脐橙、苹果、草莓等各类水果和主要生鲜食材。消费者通过

App首页焦点图、限时秒杀等入口，以及搜索"助农""爱心助农""农货"等关键词，都能直达该专区，以最优惠价格购买产地直发的水果和蔬菜。针对这次特殊活动，除充足的流量支撑外，拼多多还设置了5亿元的专项农产品补贴，以及每单2元的快递补贴，以帮助解决疫情期间的农产品产销对接问题，让农户的收入得到保障。

这之后不久，拼多多又开启了"政企合作，直播助农"系列活动，探索"市县长当主播，农户多卖货"的助农电商新模式，在浙江、广东、广西、重庆等地组织了多场直播助农活动，央视新闻，各省、市、县电视台及融媒体等参与直播，各地市长、县长纷纷化身拼多多主播，吸引千万消费者参与消费，观看人次超过1.5亿。直播间直接销售农产品超过800万斤，带动平台同区域农产品产生3200余万份订单，为相关网络店铺共吸引319万新粉丝关注，相当于直接培养了15个网络新兴品牌和知名农产区区域品牌。[1]

2020年3月，当国内疫情防控逐渐好转时，为拉动"中国制造"复工生产，拼多多在"市长县长直播间"之外又推出了"产业带复工线上大联播"系列活动。

2020年3月13日，拼多多"产业带复工线上大联播"系列活动之"拼交会"第一站落地东莞大朗。作为首场"拼交会"的落地产业带，大朗拥有全国最具规模、产业链最完善的毛织产业集群，覆盖产品设计、成品销售、高端成衣定制等各项生产与服务。这场新颖的"拼交会"吸引了超过2000家大朗毛织企业参与，126家头部企业开设了专门的直播展厅，吸引超过1036万消费者观看。

2020年3月19日，拼多多"产业带复工线上大联播"系列活动

---

[1]引自《疫情之下，拼多多订单增长分析》，何玺，爱盈利网，2020年4月。

进入山东。位于山东省菏泽市曹县汉服原产地的180多家头部企业和商户为消费者在线直播推介了近5000款汉服及周边产品。曹县汉服原产地专场直播活动不仅帮企业快速解决了销路问题，加快了产业复工进度，更帮曹县汉服打响了市场知名度。

2020年3月24日，拼多多"产业带复工线上大联播"走进河北家纺产业带。这次展销会吸引了超过100家深泽县当地的龙头布艺企业，通过"复工大联播"的方式，向拼多多5.85亿消费者展示中国"布艺之乡"的产业特色，并引发消费者抢购。

拼多多的"拼交会"为疫情之下的产业带转型提供了极大的助力，直接扶助了大量行业准一线新品牌。

2020年4月1日，拼多多还与湖北省农业农村厅签署《"乡村振兴及抗疫助农"战略合作协议》，进一步助力湖北农产品迅速流通，方便全国消费者购买湖北特色农产品。4月2日，湖北省农业农村厅联合拼多多在平台推出"湖北优品馆"。上线当天，由平台给予推广、流量及价格补贴等支持，把湖北优质农产品及相关食品、消费品推向全国消费者。

4月1日当天，荆州市委常委、洪湖市委书记张远梅，作为"湖北优品馆"的第一位主播，登陆央视新闻和拼多多的联合直播间，向全国用户推荐洪湖好莲藕。依托"湖北优品馆"的海量关注，该场直播仅拼多多平台就吸引了超过72.5万人观看，张远梅书记直播的1小时内，留言弹幕达到了创纪录的9万条。直播期间，"湖北优品馆"共计售出鲜藕29万斤，藕带、藕盒、藕夹、藕丸子等各类农副产品超45万单。

除此之外，拼多多还拿出了总额达10亿的商家补贴，与商户共同战疫。

拼多多在疫情期间采取的种种有力抗疫行动，为其订单的逆势增长打下了坚实的基础。从3月15日开始，拼多多每日平均在途物流包裹数稳定在5000万个以上，同比去年增幅超过60%，达传统头部电商集团总包裹数比率的63%左右。

新冠肺炎疫情期间，在世界经济低迷、失业增加、消费萎缩的情况下，拼多多市值一路创新高，令人望之兴叹。之所以能取得如此亮眼的成绩，是因为拼多多平台具有强大的韧性和产业链弹性。这种强大韧性和弹性保证了拼多多平台不会因为突发事件而"闪崩"，即使遭遇新冠肺炎疫情这样的危机，它也能扛住打击，在最短的时间以最快的速度做出反应，并通过积极举措快速实现产能恢复。这是拼多多在突发疫情下实现逆势增长的根本。

危机对任何一个企业都带来巨大的破坏性，然而，从另一种角度来说，危机的本质是机遇，越是巨大的危机中，越是蕴藏着巨大的机遇。

2020年3月29日至4月1日，在统筹推进疫情防控和经济社会发展的关键时刻，习近平总书记来到浙江调研，专门针对"危机"进行了阐释："危和机总是同生并存的，克服了危即是机。要深入分析，全面权衡，准确识变、科学应变、主动求变，善于从眼前的危机、眼前的困难中捕捉和创造机遇。"

危机之下，企业真正的竞争力才会显现：根基深厚的不可撼动，摇摇欲坠的在重击之下倒下，迎难而上的在砥砺前行，看准时机的在日进斗金。正如英特尔前总裁安迪·葛鲁夫所说："不好的企业在危机中消失，一般的企业渡过危机，伟大的企业在危机中获得发展。"

危中求机，是企业寻求突围的制胜之道。企业的领导者应该有一双敏锐的眼睛，化危为机。17年前的"非典"时期，阿里创始人马云正视逆境考验，敏锐觉察到人们的新需求，以浓厚的服务意识带领员工上线淘宝，拉开了中国零售电商的大幕；携程创始人梁建章坚信政府将控制好疫情，咬紧牙关不裁员，养精蓄锐，最终迎来大丰收。

而拼多多的亮眼成绩，也正是因为黄峥善于把握危中之机，适时转危为机。在经营企业的过程中，黄峥时刻保持警醒，让拼多多始终保持对外界刺激的敏感性，始终处于一种警惕和临界的状态。正因为如此，当危机来临时，他才能进行快速响应，及时制定正确的应对之策，调整发展模式、转型业务，从而引导拼多多走出危机，并把握机遇、创造更美好的未来。

入场社区团购,开辟第二战场

2020年的新冠肺炎疫情严重影响了人们的日常生活,尤其是在上半年疫情紧张时期,人们都自发自觉地隔离在家,"大门不出,二门不迈"成了每个人的常态,亲朋好友不能聚餐,原本喧喧嚷嚷的小区、街道一下子变得冷冷清清,很多门店都纷纷关门。

而在这种情况下,"社区团购"这种互联网商业模式却火爆起来,成了全国各地的老百姓最重要的买菜渠道,部分团购平台订单量是之前5~10倍之多。盒马、美团、京东、步步高,甚至品牌商周黑鸭等也纷纷入局,搞起了社区团购。家乐福、沃尔玛、永辉等大型商超便纷纷与社区对接,做起了团购配送。还有不少社区居民,自发建立了以小区为单位、不以营利为目的的社区团购群。在疫情最为严重的武汉等地区,当地政府也以社区团购的方式,将蔬菜等物资运送进社区。

2019年年底,对社区团购唱衰的话语不绝于耳,加上不断出现的倒闭、没落潮,很多人都以为,这个电商模式已经没有发展潜力。但是2020年疫情的出现,又给了这个赛道无限的生机与活力。几乎在一夜之间,所有的电商、零售商都向社区团购转型,或者上线社区团购业务。正如南京大学商学院副教授周耿所言:"在疫情影响的背景下,社区团购是一种短期的、自发的消费方式,是对在线生鲜模式的良好补充。"

很多人把社区团购这种模式看成拼多多在生鲜领域的"复制"，以社区团购起家的巨头们也被戏称为"生鲜界的拼多多"。但真正的正主拼多多却姗姗来迟，直到 2020 年 8 月 31 日，黄峥旗下的社区团购项目"多多买菜"才正式上线。

不过，虽然有些迟到，"多多买菜"却来势汹汹，令人不可小觑。

"多多买菜"的打法，延续了拼多多惯有的强悍风格：又快又准又狠！

黄峥深知，要在社区团购这块"大蛋糕"上分一杯羹，势必要打一场硬仗。

在这一领域，既有深受资本追捧的"原住民"，也有虎视眈眈的互联网巨头们。十荟团、兴盛优选、每日优鲜，以及不久前完成合并的同程生活和邻邻壹，都是在生鲜电商和社区团购领域中深耕多年的老玩家，它们的"本土作战"优势不容小觑。除此之外，同为跨界作战，滴滴、美团，甚至同为电商三巨头的阿里、京东早就已经先行一步。在拼多多布局社区团购之前，依靠旗下的两家橙心优选科技发展有限公司，滴滴就已经开始试水社区电商模式——橙心优选。美团则成立了"优选事业部"，推出社区团购业务美团优选，进一步入局社区团购，探索社区生鲜零售业态，推动生鲜零售线上线下加速融合。而拼多多的老对手阿里巴巴，不仅宣布将全国数万个菜鸟驿站升级为数字化的社区生活服务站，增加团购、洗衣、回收等服务，还计划依靠阿里零售通筹备组建一个新的社区团购部门。另一个老对手京东则盯上了社区里常见的夫妻小店，通过对夫妻店进行改造，加入京东元素，进而增强自身与社区场景的联系。

正如阿里巴巴前 CEO、嘉御基金创始合伙人、董事长卫哲对《中国企业家》记者分析的那样，任何一个巨头都不会放弃本地生活，"表面上是本地生活、到店到家业务，这背后实际代表着更高频的支付场景。支付对于阿里来说是生死之战。所以，为了守住在支付上不可动摇的龙头地位，阿里在本地生活领域将寸土必争"。

黄峥同样有寸土必争的决心。为了从这些凶悍的对手们那里"虎口夺食"，黄峥团队在推出"多多买菜"之前，可谓殚精竭虑、步步为营。

零售专家鲍跃忠曾经指出，社区团购最关键的因素之一，在于团长资源的整合，这决定着平台能否搭建起核心的卖货体系。"由于社区团购基于熟人社交，讲究地域性，团长可以通过促销活动等多种方式，将小区中的用户圈入微信群等私域流量，团长负责日常维护运营。优秀团长的社交力可以激活用户，甚至实现裂变营销，无数优秀的团长聚沙成塔，这就是社区团购的优势所在。"[1]

因此，在"多多买菜"上线之前，黄峥团队投入了大量的时间和资金招募团长，为开卖做准备。《中国企业家杂志》的记者程璐在一份名为《多多买菜新团长问题解答》的文件中看到，为了保障顺利开团，多多买菜将对每个新团长进行专属扶持，比如开团前的实战培训，甚至制定成长计划1V1帮扶。在上线初期，为了抢夺优秀团长资源，他们甚至不惜投入10亿重金补贴，采取"三高"战术——高补贴拉新、高频率拜访、高效率入驻等方式来快速积累用户。

据一个"多多买菜"团长透露，入驻多多买菜，提成高达10个点，而美团等平台只有5个点。除了高提成之外，"多多买菜"还推出了一系列极具拼多多特色的任务和奖励。比如对9月1日前成功入驻的门店，每日完成订单任务有额外奖金；再比如所谓的"团长招募制度"，以游戏形式充分调动用户积极参与到团购活动当中。

---

[1] 引自《拼多多的第二战场》，程璐，《中国企业家杂志》，2020年9月。

对于一向敢于烧钱的黄峥来说,这无疑是以最快速度积累用户、打开市场的最佳方式。这一点已经被拼多多验证过了。当初,在做电商团购时,拼多多就是凭着狂撒百亿现金补贴一战成名,杀了老牌玩家阿里巴巴、京东一个措手不及,夺下一席之地。如今,在多多买菜身上,黄峥想要复制过去的成功,以资本开道。虽然这种手段简单粗暴,但确实有用。

上线之后,"多多买菜"开始从拼多多内部导量,在拼多多App首页"多多买菜"的字眼非常显眼,占据了整个App的"黄金位":首页菜单栏下方、百亿补贴上方,且标记非常醒目,同时列出的生鲜品类价格非常诱人:有0.89元的土豆、0.99元的紫薯、1.88元的西红柿,足以吸引人点进去一探究竟。

除了抢夺优秀团长资源、从拼多多导流之外,"多多买菜"还拿出了自己看家法宝——低价。相比其他生鲜团购网站,"多多买菜"的菜品异常便宜。拼多多的菜品到底有多便宜?据《零售与电商观察》的报道,记者在采访一位"多多买菜"团长的时候,当问起他为什么愿意做拼多多的团长时,这位团长的答案让人哭笑不得:"18号,多多买菜的品牌推广工作人员要我做团长,我觉得它在微信小程序中卖的菜很便宜,惦记着自身还可以在上面买菜,就顺带做了团长。"

第三方数据显示,目前,拼多多活跃用户为5.688亿,年活跃数为6.832亿,覆盖大量三、四线城市,且多为价格敏感型。"低价"的策略似乎永远都不会过时,"多多买菜"上线不到半月,用户数量就迅猛增长。

高手如云的生鲜电商赛道上,本就暗流汹涌,拼多多的强势入局,意味着这场戏已经越来越精彩。事实也的确如此,"短平快"的凶猛打法,很快就让"多多买菜"在社区团购领域有了一席之地,这"生鲜界的拼多多"们多少有点尴尬:拼多多生动地演绎了什么是"走自己的路,让别人无路可走"。

不过,尽管如此,要打赢这一仗,对黄峥来说,仍然不是一件容易的事。虽然在农产品领域扎根已久,拼多多在供应链上的优势明显,但这并不意味着拼多多就可以所向披靡,因为它的短板也同样明显。

纵观当下入局社区团购的各大巨头,阿里、京东、美团等都拥有着能够左右胜负的关键手段——物流能力。阿里的菜鸟网络,京东的京东物流、达达,美团数以百万计的骑手,再加上遍布全国各地的配送网络,能够让那些选择在它们平台团购的用户轻松实现"次日达",这恰恰是拼多多所不具备的。

相对其他巨头,拼多多起步很晚,在物流的布局更是从2019年才开始。因此,"多多买菜"在物流配送这一块只能依靠他人来完成,无法做到统筹全局,这也就意味着会让顾客无法得到完美的消费体验。

而想要在短时间内补强自己的物流能力,无疑是一项艰巨的任务。通达系和京东物流都是经过了十几年的努力,才慢慢确立起今天的地位,拼多多要走的路还很长。

经过多年的发展,生鲜电商市场早就已经被瓜分得差不多了,随着阿里、京东、美团等巨头的入局,价格战、补贴战、贴身肉搏战更是接连不断。面对数量众多且实力不俗的竞争对手们,黄峥的"多多买菜"能掀起多大的风浪,又能否复制拼多多的成功,还需拭目以待。

第九章

急流勇退,坚决不当首富

急流勇退是一种大智慧。然而,对大多数人来说,到底该什么时候退却是一个难题。退早了,总是心有不甘;退晚了,由盛转衰,更不乐意。功名无大小,总要及时进退,像黄峥这样的知进退者,方能称为哲人。

超越马云,成为中国第二富豪

自从实施改革开放以来,中国的社会经济高速发展,一批敢闯敢拼敢吃螃蟹的企业家抓住时代发展的红利,成为赢家。比如,娃哈哈董事长宗庆后、万达集团董事长王健林等,都通过企业经营赚取了巨额财富,还曾登顶中国首富宝座。

随着互联网时代的到来,国内很多互联网企业借着这股东风迅速崛起,造就了自己的商业帝国,在中国富豪榜上又出现了新面孔。近十年以来,中国的首富几乎都是在腾讯的创始人马化腾和阿里巴巴的缔造者马云之间轮换。这似乎已经成了一个定局,很多人都认为,只要阿里巴巴和腾讯的竞争还在继续,马云和马化腾的首富之争就还会继续。然而,谁也没想到的是,在马化腾与马云的首富之争中,竟然会杀出一匹黑马——黄峥。

福布斯实时富豪排行榜显示,2020年6月21日下午4点,拼多多创始人黄峥的身家已经达到了454亿美元(约合人民币3210亿),已经超越前中国首富马云,仅次于中国现首富马化腾,成为中国第二大富豪。

黄峥的财富增长速度是前所未有的。在2020年4月初的福布斯富豪榜(中国)中,相较于马云388亿美元和马化腾的381亿美元,黄峥的身家仅达到165亿美元,排在第十位。只用了短短不到三个月的时间，他的身价就暴涨267亿美元，足足翻了三倍，重排了中国顶级富豪的座次。

在福布斯富豪排行榜上，排在黄峥前头的，是马化腾，他以515亿美元，位居中国首富。很多人都认为，如果拼多多保持这样的速度继续增长下去，黄峥超越马化腾，也只是时间问题。61亿美元，对于市值一再膨胀的拼多多来说，并不是难事。而且黄峥很年轻，正值壮年，而马化腾已经49岁了。最重要的是，黄峥与马云、马化腾不同，马化腾在2020年1月份减持后，只持有腾讯8.58%的股份，而马云仅持有阿里巴巴6.1%的股份，而黄峥持有43.3%的拼多多股份，是绝对的大股东。这也就意味着，一旦拼多多股价走高，黄峥就会是最大的受益者。

这一年，黄峥40，习惯把自己隐藏在迷雾后的黄峥可能没有想到，在自己的不惑之年，竟会以这样的面貌出现在媒体上。

黄峥的身价大涨，虽然令人惊叹，却也是意料之中。

近些年来，黄峥率领着他的拼多多却在一路向前。2020年4月19日，拼多多宣布，将认购国美零售发行的2亿美元可转债，期限为三年，票面年利率为5%，初步转换价为每股1.215港元。这意味着，如果最终全部行使转换权，拼多多将最多获配12.8亿股国美新股份，约占后者发行转换股份扩大后股本的5.62%。同时，拼多多和国美还宣布达成全面战略合作，国美零售全量商品将上架拼多多，品牌大家电将接入拼多多"百亿补贴"计划。国美旗下安迅物流、国美管家两大服务平台，将同时成为拼多多物流和家电服务提供商，分别为拼多多平台商家提供覆盖全国的中大件物流、仓储及交付服务，以及包含家电维修、清洗保养、以旧换新在内的消费者服务方案。拼多多则将向国美注入消费大数据、平台流量等优势数字零售资源，在商品采购、消费补贴、物流配送、客服售后等方面与国美建立深度对接，探索跨界合作的新模式、新方法,助力地面零售实现数字化转型。除此之外,双方还会在市场推广等方面展开积极合作。[1]

昔日家电领域的霸主与如今的互联网新贵强强联手、互惠互赢,促成拼多多股价大涨12.71%,市值一下子飙升583.1亿美元,直逼京东。而手握拼多多44.6%股权的黄峥,也因此身家一夜暴涨26.5亿美元(约合人民币188亿)。

一方面,与国美的强强联合,为拼多多的发展提供了更加充沛的动力;另一方面,受新冠肺炎疫情影响,大众消费能力下降,一直鼓吹消费升级的媒体开始变得沉默。此时,拼多多从创立起来就主打的"低价",以及其长期耕耘的下沉市场,正好迎合了当前的消费需求,因此一路高走,在巩固收割下沉流量的同时,开始"从农村包围城市",一步步蚕食阿里巴巴与京东的主战场——一、二线城市。2020年6月16日,拼多多一度大涨超7.5%,盘中总市值突破千亿美元。

2020年6月19日,拼多多对外公布了"618"整体销售数据。在"百亿补贴"持续加码和10亿现金红包等巨惠福利的带动下,拼多多平台订单量比去年同期增长119%。截至6月18日晚19:40,拼多多平台在"618"期间订单数突破10.8亿笔,6月19日0点前订单数超11亿笔,GMV同比增长超过300%。"618"期间,拼多多"百亿补贴"累计补贴商品超1.3亿件,覆盖4600多个国内外知名品牌、超过50000款全网最受欢迎的商品,预计为消费者节省资金超30亿元。其中,拼多多农产品和品牌商品的增幅最为显著。自"618"启动以来,拼多多累计售出农(副)产品3.8亿单,相比去年同期增长136%。一、

---

[1] 引自《拼多多与国美达成全面战略合作》,搜狐新闻,2020年4月20日。

二线城市用户是农产品消费的绝对主力军,订单量占比超过72%。[1]

受"618"大促活动销售数据的利好影响,这一天,拼多多继续上涨6.26%,市值达到1048.88亿美元。

在资本市场上,拼多多的股价如同坐了火箭一般迅猛增长,市值一路高歌猛进,突破千亿,作为拼多多掌门人的黄峥本人,自然也是水涨船高,财富以罕有的高速增长着,身价一再翻倍。超越马云,成为中国第二富豪,因此成了水到渠成的事。

最汹涌的"后浪"黄峥超越马云,代表着中国互联网已经跨入了一个全新的时代。

众所周知,在过去激荡的20年里,中国互联网先是经历了"四大门户"时代,又发展到以百度、阿里巴巴、腾讯笑傲江湖的BAT时代,如今已逐渐过渡到TMD时代,现在风头越来越强劲的,是拼多多、今日头条系、美团点评、滴滴出行等新兴的互联网企业,像黄峥、张一鸣、王兴、程维这些更年轻一代的企业家,在变幻诡谲的互联网江湖中逐渐崛起,甚至站到了舞台中央。除了美团、拼多多的市值超过千亿美元外,字节跳动,也就是今日头条母公司的估值在二级市场上,已经突破1000亿美元,甚至在1400亿美元的价位上产生过交易。

而反观互联网领域曾经的风云人物们,马云已经宣布"退休",刘强东开始隐居幕后,昔日巨头百度的股价也狂跌不止,如今已不及拼多多的一半。

这真的是应验了一句话——"一代人终将老去,但总有人正年轻"。

---

[1] 引自《全平台618电商数据分析,巨头皆破往年纪录》,搜狐新闻,2020年6月。

卸任 CEO，开启半隐生涯

无数人都期待着黄峥能更上一层楼，甚至超越马化腾成为中国第一个 80 后首富，但就在这时，黄峥却做出了一个令人震惊的决定：卸任 CEO。

2020 年 7 月 1 日，黄峥通过一封致全员信，宣布公司组织升级，他将正式卸任拼多多 CEO，这一职位由公司原 CTO 陈磊接任，但他仍然担任董事长一职。

在这封名为《拼多多的一小步》的致全员信中，黄峥是这样说的：

> 十多年前，我们刚开始线上创业时，零售市场"控货+流量"的逻辑还是主流，在实践的磨砺中，我们看见了"普惠+人为先"的未来。
>
> 五年前，我们在端午节期间的一次失败大促，反而使得我更加相信"拼"这一模式，能有效聚集人的需求，在未来必然创造不一样的社会价值。
>
> 现在，我们看见互联网解决的已经不只是效率问题，人们的虚拟与现实，线上与线下已经难分难解，相信"Costco+迪士尼"必然是零售消费市场的未来。
>
> 这几年里，拼多多经历了飞速发展。团队的快速扩张，业务

的高速增长和外部环境的剧烈变化，都在催促我们进一步升级我们的管理团队和公司治理结构。

就在昨天，我们召开了特别董事会，批准了管理团队的一次迭代调整：

从2020年7月1日起，我将不再担任公司CEO。公司联合创始人、CTO陈磊将接任CEO。

同时，公司任命高级副总裁朱健翀为公司首席法务官（General Counsel），任命马靖为公司财务副总裁。

我将继续担任拼多多董事长。

伴随这次调整，我将按照IPO时的承诺，正式成立"繁星慈善基金"，并连同创始团队捐赠名下拼多多上市公司113 548 920股普通股（约占公司总股数的2.37%），旨在推动社会责任建设和科学研究。该慈善基金为不可撤销的慈善基金，由独立受托人管理，保证慈善基金的所有资产全部用于公益用途。

拼多多将继续建立和完善合伙人制度。我将划出个人名下拼多多上市公司370 772 220股普通股（约占公司总股数的7.74%）给到拼多多合伙人集体。其中一部分可以在不影响拼多多现有股东利益的情况下，进行一些长期基础研究和社会公益等方面的探索，为公司提供额外的长期动力和蓄电池；一部分可以作为未来管理层的补充激励。

我希望通过这次调整，管理层可以逐步把更多的管理工作和责任交给更年轻的同事，让团队加速成长，让拼多多成为一个更好更强的持续充满创业活力的公司。

这次调整后，我将花更多的时间和董事会制定公司中长期战略，研究完善包括合伙人机制在内的公司治理结构，努力从制度层面推进拼多多再上台阶，逐步成为有国际竞争力的公众机构。

正如我在 IPO 前的股东信中所述，拼多多承载着独特的社会价值，是一个公众机构，不是彰显个人能力的工具，也不应该有过多的个人色彩。我们将践行承诺，努力完善它的组织结构、"本分"文化，让拼多多因循它自身独特的命运生生不息，不断演化。

一石激起千层浪！就在拼多多以黑马之势杀出电商重围，甚至要跟淘宝系电商一决高低的关键时刻，突如其来的管理层人事调整，让外界大跌眼镜，大呼"想不到"。尤其是黄峥宣布辞任 CEO、撤离业务前线、放弃股权，这一系列"急流勇退"的举动，令无数人为之瞠目！

在中国互联网历史中，创始人大多在功成名就后卸任，培养下一个接班人。但很难想象，一个上市不到两年的公司的创始人主动卸任 CEO。

都说"人往高处走，水往低处流"，为什么黄峥却反其道而行之？

对于企业家来说，40 岁正是当打之年；更何况，黄峥的事业正在得意之时，拼多多市值也刚刚过千亿美元——但正是在这样一个时机，黄峥做出了卸任 CEO 的退后之举。

其实，黄峥之所以做出这样的选择，与他向来信奉的"本分"的价值观是完全相符的。"本分"也是他的人生导师段永平所倡导的价值观，段永平传递给他的一个最重要的信念就是做人要本分，要老实、沉稳、闷声发大财，这种观念某种程度上与黄峥的个性是非常契合的。

在上海长宁的拼多多总部上班的员工们都知道，老板不常到公司，但一来都是双肩包、坐地铁，在装扮上与普通程序员没有什么区别。一位接近黄峥的员工透露，公司上市之后，黄峥在上海和杭州两地生活，但他没有在上海买房，甚至连助理都不招，偶尔出行还是当时的市场总监帮着订票，黄峥的生活方式似乎完全与"商业大佬"不沾边。黄峥就是这样一个低调的人，对他来说，因为超越马云成为中国第二富豪而被镁光灯聚焦是一件非常难受的事。如今卸任 CEO，终于可以卸下重担，远离风口浪尖，岂不快哉？

黄峥的此举，在很多业内人士看来，也是一种明智的选择。艾媒咨询 CEO 张毅给出了这样的评价："对于公司而言，拼多多不仅在一个快速发展的行业，其自身发展也非常迅速，而这样一个速度的背后，必然会存在许多问题。前面的速度和后续的内部管理之间，外界只看到了前面的发展而已。黄峥此举，从烦琐的事务中抽出，有利于更好去思考把握公司未来的发展方向，同时也让团队更专业，包括合伙人制度，也是引导这种团体的力量，能够保证下一阶段的更高效的发展。"

黄峥的退出不是一个噱头，他说到做到——不仅卸任了 CEO，还于 2020 年 8 月 21 日退出了拼多多董事席位。

卸任后的黄峥，放下公司"事无巨细"的日常事务，专心把握公司的方向和策略，专注于拼多多的长远未来。现在，他考虑的是怎样才能让拼多多这个日渐庞大的组织，在扩张中提高团队的管理效率。

急流勇退是一种大智慧。然而，对大多数人来说，到底该什么时候退却是一个难题。退早了，总是心有不甘；退晚了，由盛转衰，更不乐意。功名无大小，总要及时进退，像黄峥这样的知进退者，方能称为哲人。

捐出股权，名利皆看淡

比起卸任 CEO，更令大众出乎意料的，是黄峥坚决不当首富的态度——在 2020 年 7 月 1 日的致全员信中，黄峥还宣布捐赠他名下的 113 548 920 股拼多多普通股（约占公司总股数的 2.37%）成立"繁星慈善基金"，并出让 370 772 220 股普通股（约占公司总股数的 7.74%）给拼多多合伙人集体。

2020 年 7 月 1 日美股收盘时，拼多多股价报 85.45 美元，总市值为 1023.37 亿美元。据此计算，黄峥放弃的个人财富高达 1000 亿元人民币，他在福布斯中国富豪榜的位置一下子从第二降到了第五。黄峥控制的拼多多股份比例从 2020 年 4 月的 43.3% 降至最新的 29.4%。相应的，黄峥拥有的投票权也从 88.4% 降至 80.7%。这是什么样的概念？目前万达创始人王健林的身家大约为 140 亿美元（966 亿人民币）。

物欲横流的时代，"首富"这个词令无数人为之疯狂。在这条艰辛的路上，丁磊用了 6 年，马云用了 15 年，2020 年刚刚登顶的马化腾足足用了 20 年，而黄峥从 0 到第 2，只用了 4 年。正是高歌猛进之时，他却主动放弃了巨额财富，表明自己不当首富的坚定决心，实在是令人震惊！

黄峥的这一决定，从任何常规的角度都没有办法进行商业性的分析，因为它既不符合身为商人的基本目标，也看不出对拼多多会产生多大的促进作用。毕竟，黄峥自己都曾说过："对于商业来说，只有赚钱才是道德的，应该按照商业的逻辑去做一个本分的商人。"

但如果想到黄峥的人生导师段永平当年也是在 40 岁的时候为了家庭移民美国，黄峥主动放弃首富的选择也可以理解。

要知道，首富的称号，既是一种无上的荣耀，也是一个巨大的枷锁，容易让人迷失方向。2015 年王健林在哈佛大学演讲，现场有人提问，万达海外并购的竞争力是什么？王健林回答："首先，有钱。"那时候王健林是中国首富，万达在海外疯狂收购，一出手就是 10 个亿。王健林的名言是："我们自己辛苦赚的钱，爱往哪儿投就往哪儿投。"后来的事实证明，这样的膨胀会遇到挫折的。

一百多年前，中国前首富胡雪岩说过："当事情太顺利的时候，需要更加格外小心。"师承段永平的黄峥，对这个道理自然是谙熟于心。

除此之外，黄峥也深知，公司发展还存在不确定性，现在并不是乐享其成的时机。

过去几年，拼多多的发展实在是太顺利了。2015 年 9 月创立的拼多多，经过短短五年的发展后，市值已经超过 1000 亿美元。虽然业务数据增长迅速，但拼多多的商业形态仍然有很大的演进空间。无论是从创业公司走向中大型公司，还是业务环节的由浅及深，拼多多的组织架构都将面临调整。也正如黄峥在全员信所说："这几年里，拼多多经历了飞速的发展，团队的快速扩张，业务的高速增长和外部环境的剧烈变化，都在催促着拼多多需要迭代升级管理团队和公司治理结构。"

但这个过程，一定充满着巨大的不确定性。以美团为例，创立至今，公司经历了四次战略和组织架构调整，从早年的 T 型战略到如今的 FOOD+ 战略，才有了今天的美团。

从这个角度来看，拼多多还有很多课要补。因此，黄峥不适合过早地进入名利场。

当然,更重要的是,对黄峥而言,名利不过是身外之物,反而会给他带来许多负面影响。于股东而言,在一家高速成长的公司,创始人持股比例太高,实在不是一件让人放心的事情。于员工而言,创始人持股比例过高,财富全都汇聚在一人之手,也不利于团队稳定和工作积极性的激发。

因此,与其当一个"守财奴",不如把股权该捐的捐,该给的给,该还的还。

黄峥捐出的股权,有三个重要用途:

一是投身公益慈善事业。黄峥连同创始团队捐赠名下拼多多2.37%的股份,成立"繁星慈善基金",进行一些长期基础研究和社会公益等方面的探索。

二是完善合伙人制度和投入基础研究。黄峥拿出自己名下7.74%的拼多多股份,给合伙人集体,用以完善合伙人制度,以股权激励为公司提供长期动力和蓄电池。

三是黄峥与天使投资人共同拥有的 Pure Treasure Limited 公司,持有拼多多 551 154 700 股普通股。其中,180 382 480 股(占公司总股份3.77%)属于该天使投资人,此次全部划转至该天使投资人名下,不再由黄峥控制。

虽然亏了短期名利,但黄峥却赢了长期人心。黄峥的大格局因此体现得淋漓尽致。投身公益慈善、推动基础科学研究、完善合伙人制度,这些都与黄峥的个人利益没有太大的关联,甚至说他因此牺牲了很多个人利益,他想的、做的是如何让公司与整个社会发展得更好。这需要勇气,更需要格局。

说到格局,就不能不提到此前黄峥写给股东的公开信。那封充满哲学思维的公开信,充分体现了他的人生观、世界观、价值观,其格局之大在商界十分罕见。如果认真研读过这份公开信,那么外界对如今黄峥的选择就不会感到惊诧了。

都说思路决定出路,格局决定结局。拼多多的一小步,是黄峥大格局的体现,而这种大格局正是拼多多成功和持续成功的关键。

卸任 CEO、远离首富位置,说明名和利都不是黄峥的追求。那么,他的追求,究竟是什么呢?

或许答案藏在他 2020 年致投资人的信中:

……我们比以往任何时候都更理解和珍惜宝贵的青春。我们越发意识到我们应尽的责任。我们需要证明我们这一代人的与时俱进和以往不同。在这个新世界中,新物种和新生物必将诞生并茁壮成长。

我们将更加坚定地投资未来,努力建设面前的新世界。在这新世界中,我们的美好旅程才刚刚开始。

交棒陈磊，只为更好的未来

对于一家企业来说，创始人往往是其灵魂人物、精神领袖，创始人的风格对公司有着深远的影响，比如马云之于阿里，雷军之于小米，柳传志之于联想。

然而，创始人的个人色彩过于浓厚，也往往会成为企业进一步发展壮大的掣肘。很多企业家都认识到了这一点，联想创始人柳传志曾对媒体说："我的个人色彩对联想来说过于浓重，我希望大家多关注联想而少关注我。"柳传志认为，个人色彩太重会给企业发展带来困难，改变这些需要最高管理层的共同努力。

在中国互联网圈里，很多行业顶尖的公司在发展到一定规模之后，都会有意识地弱化创始人的个人色彩，并开始培养"二号人物"，承担公司战略落地及具体业务的处理。比如，在今日头条、抖音确立了稳定的市场地位之后，字节跳动创始人张一鸣将字节跳动（中国）董事长和字节跳动（中国）CEO 分别交给了张利东和张楠。虽然张一鸣仍是字节跳动 CEO，但他的工作方向调整为：领导公司全球战略和发展，更专注于长期重大课题的探索和战略思考，包括全球化企业管理研究、企业社会责任以及教育等新业务方向。马云把阿里巴巴 CEO 位置交给张勇、刘强东将京东 CEO 职务交给徐雷，也都是出于同样的考量。

黄峥也做出了同样的选择：卸任 CEO 后，他把接力棒交给了同样是联合创始人、与他背景相似的陈磊。

在谈到自己的用人观时，黄峥曾说：

> 我们要的是可信任的长期搭档，而不是看似能力很强却永远不知道他会不会背后捅刀的人。[1]

黄峥之所以选择陈磊，正是因为他是"可信任的长期搭档"。在接棒之前，陈磊担任的是拼多多的 CTO，他是一位履历光鲜的学术精英，拥有清华大学计算机科学学士学位和美国威斯康星大学麦迪逊分校计算机科学博士学位，曾获得世界奥林匹克信息比赛金牌等多项国际性竞赛奖项，曾在 ACM SIGMOD 会议、超大型数据库（VLDB）会议等国际会议上和期刊上，多次发表数据科学、机器学习领域科研成果。

陈磊与黄峥有着很深的渊源。他们拥有重叠的学校、专业和工作背景：两个人都毕业于美国威斯康星大学麦迪逊分校计算机系，有同门之谊，研究生期间，黄峥是陈磊当时发布论文最多的共同作者之一。而且，他们都有在谷歌工作的经历。

2007 年，陈磊博士毕业后回国，当时黄峥刚刚创立欧酷网，陈磊便加入黄峥的创业团队，在欧酷网担任研发架构工程师。自此以后，陈磊一直追随着黄峥创业，先后在欧酷网、新游地（上海寻梦信息技术有限公司的前身）、拼好货等创业项目中担任技术负责人。2016 年起，担任拼多多公司首席技术官。在屡次创业中，作为核心技术成员

---

[1] 引自《如创业的投资和如投资的创业》，黄峥个人微信公众号，2016 年 4 月。

的陈磊，一直甘当"排头兵"。由此可见，陈磊既是黄峥的师兄弟，也是他的老战友，是"背靠背"的存在。

与黄峥一样，陈磊也是一个极其低调的人。陈磊很少在公众面前露面，少有的演讲中，也总是离不开技术，在一次接受媒体采访时他曾强调，与传统的货架式、搜索式电商相比，拼多多代表的电商匹配场景里，"货找人"，即 AI 智能推荐将扮演更重要的角色。"拼多多 CTO 陈磊"的相关文章标题里，绝大多数带有"AI"。

翻阅互联网公司的历史，由 CTO 直接升任 CEO 的并不常见，陈磊代表的是技术领域的高管风格，除了小米的林斌最初是技术出身，其他互联网公司的"二把手"，无论是阿里的"财神爷"蔡崇信、腾讯的战投谋手刘炽平、京东市场营销出身的徐雷，还是美团的王慧文，多是在其他领域多有建树。不过，他们都有一个共同之处——是"值得信赖的人"。

随着业务规模的快速成长，战略制定、公司治理的能力与水平成为制约拼多多向更高目标迈进的重要因素。而黄峥将接力棒交到陈磊手中，既可以保障拼多多业务的持续稳定成长，又可以让自己腾出更多时间和精力，专注于战略制定和公司治理这两个更高维度的事务，确保拼多多在中长期都能够良性发展。

黄峥的退隐，并不代表着拼多多发展的停滞，反而是另一个新的开始。交棒陈磊，只为更好的未来。

多年来一直忙于连续创业的黄峥，当他终于急流勇退，将自己隐身到公众的视野之外时，或许我们可以用他最喜欢的一首诗来总结他这些年的起落荣辱生涯：

> 我冷眼向过去稍稍回顾，
> 只见它曲折灌溉的悲喜，

都消失在一片亘古的荒漠。
这才知道我的全部努力,
不过完成了普通的生活。

未来,低调的黄峥是像他的人生导师段永平一样彻底隐于江湖之中,还是会重新踏上新的征程?谁也不知道答案。

就像他所说的那样:

世界人生整体是不可知的,至少是不可精确度量的,是测不准的,是不确定的。[1]

---

[1]引自《测不准的爱情——佛、量子力学、逻辑和AI》,黄峥个人微信号,2016年4月。

第十章

诗与哲学,极度理性背后也有感性

尽管如今的中国企业在许多产业领域都已跻身世界领先行列甚至成为全球第一,中国企业家的管理思想却并没有赢得国际社会同样的关注。幸运的是,像黄峥这样的中国企业家已经越来越多。未来,一定会有更多的中国企业家,像黄峥一样系统地阐述其商业哲学和经营理念,不断提升中国的商业影响力。

60分万岁是个好哲学

黄峥的人生,就像开了挂一样,在每个关键的人生转折,他都没有走错,每一步都踏准了节奏,一路平步青云。但创业很多年后,追忆过往时光,他也有一个不小的遗憾:

> 我的目标导向太明确,在追求第一上,在努力做一个好学生上浪费了过多的时间,损失了很多逆反、捣蛋、纯粹享受青春的时光。"60分万岁是个好哲学"是我在很多年后才慢慢悟到的。[1]

"只有偏执狂才能生存",这是英特尔创始人安迪·格鲁夫的一句名言,这句名言说出了很多成功人士的共性。

一个人执着到偏执,意味着他不会只满足于99分,而是会始终不渝地追求100分。黄峥身上就有这种追求完美的死磕精神。从学生时代的一路学霸,到连续创业,坚持不懈,只用了3年就带领拼多多登陆纳斯达克,到以454亿美元(约合人民币3210亿)的身家超越马云,成为中国第二大富豪,他的人生履历上处处写着"执着"与"臻于至

---

[1] 引自《我的中学与大学》,黄峥个人微信公众号,2016年2月18日。

善"。就连胡润富豪榜都为他惊叹，提到黄峥时给予了惊人的评价："他是全球最快创造千亿财富的人，他比扎克伯格、比尔·盖茨都快。"

然而，创业有所成就之后，黄峥却突然有了不一样的人生感悟，原来"60分万岁"也是一种人生战略，这种高度的实用主义同样能指引一个人走向人生的巅峰。

60分万岁的哲学在动物界有着淋漓尽致的体现。《菜根谭》中有这样一段话："鹰立如睡，虎行似病。"这句话说的是雄鹰站立的时候看起来就像是在打盹睡觉，老虎走路的时候懒洋洋的像是生了病。然而，当猎物出现的时候，它们马上就会精神起来，露出食物链霸主的爪牙。对雄鹰和老虎来说，平常站立走路的时候，没必要精神抖擞、斗志昂扬，60分就够了。只有当捕食猎物的时候，才需要全力以赴。

60分万岁的哲学背后的逻辑是什么？

无论是在生活中还是工作中，每个人的精力都是有限的，想要在有限的精力下完成更多、更重要的事，必须分清楚什么事情是要100分死磕，什么事情只值得投入60分的精力。

很多成功人士都了解这一点，更懂得如何合理地分配自己的精力。所以，苹果"教主"乔布斯只穿黑色上衣和牛仔裤，Facebook的创始人扎克伯格衣柜里全是灰色T恤。因为在穿衣这件事情上，他们都尽可能减少精力损耗。

比起时间管理，一个人要想获得成功，更重要的是精力管理。精力管理的实质就是把精力投入到需要做到100分的地方，而不要投入到需要60分的地方。那些真正值得我们花100分精力死磕的是我们的核心竞争力，因为核心竞争力将直接决定一个人的不可替代性，而不可替代性又决定了一个人的价值。需要投入100分的精力时，一定要竭尽所能；不需要的时候不必追求尽善尽美，60分就够了。

从黄峥的身上，我们能看到一种在不必要的事情上60分过关的理性和关键问题上死磕100分的特质。或许，正是这样的人生哲学，让他更轻松快乐地达到自己想去的远方。

在拼多多的商业模式上，黄峥也同样采用了"60分哲学"。虽然在创业早期，拼多多在商品质量、商家诚信、用户体验、客户响应程度、物流效率等各个方面都做得较为粗糙，甚至为人诟病，但黄峥明确了一点：拼多多的擅长之处在于社交化运营，商品也满足了下沉市场的用户需求，只要抓住这个优势并将其发挥到极致，就足以在电商领域赢得立足之地。因此，从社交流量方面，拼多多走出了一条田忌赛马的路，在整体资源处于劣势的情况下，创造出了社交电商的局部优势，从而在"双雄争霸"的电商格局中迅速崛起，成为新的一极。

"幸福观启蒙者"罗素

黄峥是一个目标驱动型的人,在他的人生旅程中,他总是不断地设定目标,然后全力实现这个目标。直到创业几年后,黄峥才意识到:"目标达成和幸福未必是同一件事。我对幸福的思考、理解和探索是非常晚的。"

罗素的《幸福之路》,帮他补上了曾经缺失的一课。

伯特兰·罗素是20世纪非常著名的哲学家,也是黄峥非常喜欢的一位哲学家,被他奉为"幸福观启蒙者"。黄峥在他的文章中称,自己在初中时就很喜欢看哲学书,关注"我思故我在"一类形而上的问题。后来,罗素的《幸福之路》(*The conquest of Happiness*)一书让他感触深刻。

《幸福之路》是罗素的通俗类著作之一。这是一本写给普通人的生活哲理书,用平实易懂的语言讨论了人们的生存竞争、烦闷、嫉妒、爱等问题,对生命和自我进行不断探寻,罗素还在书中阐述了自己认为可以避免的方式。

读完《幸福之路》,黄峥悟出了三点:

一是要有勇气去面对常识,用常识做理性的判断,用理性的意念指引自己的行动。

二是要把对成就一个无限完美的自己的兴趣,转移为对外部客观事物的兴趣。

三是对不可改变、不可能征服的事要会放弃。

在接受公开采访时，黄峥经常强调的一个词就是"常识"，而在他的感悟中，"常识"和"理性"也尤为关键，这两个字眼并不特别，但黄峥对它们的解读是：

> 人是宇宙中非常非常渺小的存在，人生的时间又是无比的短暂，能做的能改变的都是极其有限的。这应该是我们时时都应该清楚的背景。不同地区、不同人群圈子的价值观是不一样的。一个地方的非主流很有可能是另一个地方的主流。判断一个权威的观点，或者判断一个世俗通行的看法，要结合他的背景、利益、角色来看，这需要的往往只是常识，而不是睿智，考验的是面对事实时是否有勇气依然追寻理性。[1]

具体来说，黄峥的三条感悟都是创业过程中非常适用的方法论。遵从如常识一样纯粹的理性，创业者时刻都能做出正确的判断，始终将创造价值置于第一位；把成就完美自己的兴趣转移到外部事物，这种"物我同一"的境界是创业者行动积极性的来源；学会放弃，聚焦主业，则是一家公司能快速崛起的原因。

罗素的幸福观，让黄峥对创业的价值和意义有了不一样的理解。

事实上，早在就职于谷歌的时候，黄峥就已经实现了财务自由。他之所以会成为一个连续创业者，或许正是受罗素的"幸福"理念所驱动。他曾在接受采访时表示，自己创业最重要的是为了追求幸福，

---

[1] 引自《读罗素：幸福与对自由的贪婪》，黄峥个人微信公众号，2016年3月24日。

创业取得的成就感能带来深层次的幸福：

> 人活着，最重要的是追求自身的幸福，我发现两个事情给我是带来深层次的幸福感：和我的团队一起做事，并在做事的过程中促进良币驱逐劣币。[1]

在中国商业形态里，有的循环是劣币驱逐良币，黄峥希望能做一些有社会价值的事情，一定程度上促进良币驱逐劣币的发生。"存不存在一些机制能让穷人也能卖'保险'给富人，穷人也能卖一些自己的'软实力'、自己的意愿、抗风险能力给富人，从而实现更精细化的反馈，周期更短的钱从富人向穷人回流的循环？"这些为世界创造价值的想法，就是黄峥个人追求的幸福之路。

黄峥有关"目标""幸福"的世界观建设，或许正是成就拼多多今日耀眼成绩的根本原因。

---

[1] 引自《为什么要再次创业》，黄峥个人微信公众号，2016年3月20日。

有诗意和哲理的股东信

股东信是理解一家公司的最佳窗口，它能体现出一家公司的价值观，可以窥见其创始人及运营者的世界观、商业哲学和初心。

很多世界知名的企业家都非常重视股东信，比如亚马逊创始人杰夫·贝索斯20年来坚持不懈地向投资者灌输自己的长线经营理念，沃伦·巴菲特每年的股东信更是被奉为商业经典。

在中国，也有越来越多的企业家通过股东信来向外界阐释他们的商业哲学。自阿里巴巴上市以来，它的创始人马云每年都会亲自撰写股东信："我很乐意地再一次重申：阿里巴巴必须要做别人不愿意做、不能做，但又不得不做的事情，这是我们的定位。""阿里巴巴从来不为看得见的机会布局，永远只为未来投入。"在股东信中，他一再向大众传递自己的理念。网易上市20周年，丁磊也发布了一封致股东信，在信中，他概括了网易特有的阿甘式理想主义哲学——"像个傻瓜一样，为一件事坚持，为一个念头疯狂，总有一天我们会找到想要的答案"。

而在所有的股东信中，黄峥的股东信堪称是最有诗意和哲理的股东信。

2020年4月25日，拼多多发布2019财年年报，披露财年各项完整运营数据。年报显示，2019年拼多多实现成交额10066亿元，平台年活跃买家数达 5.852 亿，年营收 301.4 亿元。从用户数看，创立 4 年半的拼多多已经成为中国第二大电商平台。现金储备方面，拼多多持有现金、现金等价物及短期投资共计 410.6 亿元，其中不包括 2020 年一季度 11 亿美元的定向增发融资。2019 年，拼多多研发费用为 38.7 亿元，较上一年同比增长 247%，平台研发费用占收入比重达 12.8%，远高于互联网行业平均水平。在持续创新的技术应用支撑下，2019 年，拼多多人均创造 GMV 达 1.73 亿元。[1]

随同这份令人振奋的年报一起，黄峥发布了自己的第三封致股东信。在这封股东信中，"拼多多"一共只出现了两次。一次是他概述前两封致股东信的内容，第二次则是在落款的"谨代表拼多多"。

那么，他在这封致股东信中谈了些什么？

在开头，他谈的是近期新冠疫情带给自己的思考，从疫情与世界、人类与时间的关系角度，重新思考当下面对的现实：

> 今夕何夕？
>
> 今年 2 月，COVID-19 作为一个新词汇在全球家喻户晓，并颠覆了我们的日常生活。就在我书写这封信的时刻，世界上仍有一半的人蜗居家中，无助地等待着引发全球危机的小小病毒尽快消失。等待之初，我们急切盼望生活能够重回正轨；而越来越漫长的等待，则让我们逐渐忘记了时间。
>
> 今天，我们正身处怎样的时间之中？时间又究竟是什么？
>
> 对人类来说，这是一个危机的时刻，流言和混乱四起，人们因不同的理念、意见而产生分裂，甚至是对抗。这是一个百年不

---

[1] 引自《黄峥 2020 年度致股东信：新的世界正在到来，新的物种必然出现》，腾讯网，2020 年 4 月。

遇的特殊时刻，不过也许它也只不过是历史长河中一个再平常不过的片刻。

病毒是大自然向人类派出的危险"信使"。出于生存本能，我们竭尽所能地调动自身的机体能量与之对抗。这种对抗的副产品是伤及自身甚至致命。很快，激战从单个生物体蔓延至整个社会有机体，不同大小、不同类型的公司、政府和国家，都在用自己的方式对抗这一威胁，其副产品也是不可避免地伤及自身。

这一切只是源于一个几乎看不见、离开宿主都无法复制的病毒，一个携带了一些信息（RNA）和很少能量的小小"信使"而已。这和数十年来我们担忧的原子能威胁形成了鲜明的对比。一朵可以升腾出巨大能量的乌云，与自身几乎毫无能量的"信使"，谁会给人类造成更大、更持久的危害？

这真是如幻如梦……这是大自然给我们的一个启示？一个教导？抑或是对我们的惩罚，还是救赎？也许，仅仅是大自然和人类开的一个小小的玩笑？[1]

在第一部分"新生之时"，他谈的是爱因斯坦的质能方程，是他敏锐捕捉到的一个新时代的到来——由于疫情影响，虚拟的线上世界和线下世界正在逐步交融：

> 当爱因斯坦写下他著名的方程式 $E=MC^2$ 时，他优雅地（某种意义上，也可以说是傲慢地）描绘了他脑海中的物质世界。但他并没有解释那描绘物质世界的精神世界与客观物质世界之间的

---

[1] 引自"2020年度致股东信"，黄峥。

关系,也没有解释能量与信息之间的关系。

今天,全世界都处在一种常规的反常中。成万上亿的人被迫困在家中,与亲朋好友分离。然而,我们又同时通过某种精神和情感联结在一起。这种关系也影响着我们所能感知到的物理世界。虚拟世界和物理世界之间的边界前所未有地模糊,我们开始看到(而不仅仅是想象)一个新的世界正在走来。或者,更精准地说,是一个全新的人类世界正在走来。在这个新世界中,"虚拟现实"一词已经过时。现实和虚拟可以相互转换,现实变得虚幻,虚幻却是现实一种。同样,人类物质与精神需求之间的分别也愈发模糊。

当这个微小的病毒进入人类世界时,它就像试管中的催化剂一样,加速了新世界的形成。过去世界的某些维度在被重构,一些规则也在被改写。这股席卷全球的力量将从根本上永久地改变我们所生存的世界。就像我在前面两封致股东信中解释"拼多多的诞生"时所述,新物种将会以和从前完全不一样的样子在新的土壤中孕育和生长。现在,正是世界萌发新生,重新构建的时候。

在第二部分"感受时间",他谈的是他对时间的看法,在他看来,时间会打败一切"成功",因为它总是在不断制造着世间种种的不对称、不可逆以及死亡。

1. 时间的方向

人类一直努力地用我们所掌握的逻辑和原理,试图理解和控制世界。在许多事情上,我们确实成功过,比如科学。在科学的世界里,我们试图从客观物质世界里抽离出来,以超然的上帝视角来进行"客观"的观察、理解,并通过有限的方程式来定义这个客观物质世界。在这样的框架中，时间变成了方程式 $-t = (-)t$ 中的一个可逆参数。它只是描述物体在按预定轨迹运动的方程式中的一个参数而已。

但是，当一个渺小的病毒把我们从幻梦中惊醒，我们发现人类并没有凌驾于世界之上，仅仅是这个被观察的世界中的一个可忽略不计的组成部分而已。我们唯一能做的，是停下手中的一切，等待时间流逝，感受时间流过的痕迹。

我们进而意识到，时间很可能不应该是方程式中的一个可逆参数，它更像是一个不可逆的向量。它是一股强大的有方向的力量，默默地驱动着我们所见所感的一切事物。无论我们多么固执地渴求着对称和永恒，时间总是在不断制造着世间种种的不对称、不可逆以及死亡。

热力学第一定律（$\Delta U = Q-W$）给予了我们一定的控制感和确定性，而热力学第二定律（$\Delta S \geq 0$）又使我们谦卑地认识到有另外一种存在，在力和质量组成的物理世界之外。熵（S）与信息有关，我不确定熵是否连接着精神世界，但它确实可以帮助我感受和理解时间。时间不应该只是物理世界里一个可逆的变量，或是孤立地存在于精神的想象，沉默而永不停息的它更像是在物质和精神世界表象背后的那股强大的有方向的不可逆的驱动力。

2. 时间、人群和不确定性

当牛顿最早揭示 $F = M(dV/dT)$ 时，它让我们有了"可以控制世界"的错觉，或至少给了我们可以掌控力量的某些理解和暗示。我们不再感到担心，因为每个物体都可由其位置、质量、速度和作用力来计算出轨迹。我们假设每个物体的过去的所有历史都已经被其当前状态所完全包含，并且每个物体都是独立的。

在这样的假设下,大量物体之间的大量交互随着时间的推移将变得愈发复杂、混乱,也会表现得不确定和随机。时间之矢好像创造了混乱和不确定。而所谓概率,是对大量相互作用下的确定性的物体的轨迹集合的一个近似统计描述。

但是,当我们被隔离在家中,在焦虑和不安的情绪中等待时,我们开始怀疑"每个物体之间的相互独立性"是否真的是我们在试图理解和解释世界时的一个正确的假设。在我们对确定性的渴望中,我们选择性地接受了诸如"物体间的独立性"这样的简单假设,以帮助我们解释复杂的世界。我们的渴望是如此的强烈以至于让我们开始相信这就是真理。

但是,如果概率和随机性本来就是每个物体的天然属性呢?如果大量的物体在本质上就是相互交织和关联的呢?就像我们的人类社会一样,无论每个个体有多独立,我们都在真实和虚拟的世界中,通过相互关联而定义自我的存在。由于物体存在这些内在联系,试图屏蔽物体之间的关联,研究孤立个体的方法也就不再能够那么有效。相反,我们看到,时间推移下的个体间大量互动反而成为一种为社会和世界带来秩序和确定性的力量。我们再一次感受到了时间的力量和魔力。

在第三部分"把握今朝",他谈的是大自然的发展规律和商业的必然趋势,他认为每一家公司都应该谦卑地认识和承认,自己只不过是商业世界演变过程中的沧海一粟罢了。他甚至引用了诗人穆旦在《冥想》中的诗句:

> 当新型冠状病毒席卷全球时,每个机体都不得不面对大自然带来的残酷挑战。相对年轻的人或许心存一些侥幸与慰藉。这并

不是说我们要在"危"中讨巧得利。任何妄图乘人之危或利用漏洞使自身受益的想法，在时间面前显得异常愚蠢，无异于一个狂妄的赌徒试图在赌场上赢过时间。

相反，我们感受到了需要更加努力工作的冲动和动力。这是因为我们比以往任何时候都更理解和珍惜宝贵的青春。我们越发意识到我们应尽的责任。我们需要证明我们这一代人的与时俱进和以往不同。在这个新世界中，新物种和新生物必将诞生并茁壮成长。

大自然的蓬勃发展和趋势不会因为任何个人意志而改变。理解这些自然规则不应该让我们感到优越，更不可能让我们有能力统治自然。相反，这使我们能够谦卑地认识和承认，我们只不过是世界自然演变过程中的沧海一粟罢了。

恰如一位诗人写道："我冷眼向过去稍稍回顾，只见它曲折灌溉的悲喜，都消失在一片亘古的荒漠。这才知道我的全部努力，不过完成了普通的生活。"

带着这样的视角，我们既感到无比的谦卑和平静，又无比感恩于拥有的宝贵青春和担负着的重大责任。因此，我们将更加坚定地投资未来，努力建设面前的新世界。在这新世界中，我们的美好旅程才刚刚开始。

在股东信的结尾，黄峥以一句"This is our Carpe Diem. This is our C'est La Vie"为这封信画上句号。黄峥希望以此来勉励人们，接受当下，接受疫情冲击的"新常态"，努力创造更好的未来。

这封股东信里，黄峥没有谈拼多多的运营，没有谈企业发展的愿景，更没有为股东们画饼，而是充满了诗意、物理和哲学思维。在拼多多一路高歌猛进、面对竞争对手的围剿之时，黄峥以这样的一封股东信透露出，他在疫情期间思考最多的是哲学这样宏大的命题。从正在肆虐的新冠肺炎病毒到疫情新时代，到虚拟与现实、独立与连接，再到对商业规则的赞颂，以及对拼多多"确定性"方法论的重申，黄峥的思维之跳跃令人叹服。在最后，他又用充满诗意的语言，鼓励人们接受现实，奋勇向前。从这封信中，我们读到的是黄峥作为一名企业家的商业哲学与思考洞见。从黄峥对这些宏大命题的思考与审视中，我们也能感受到他拥抱甚至引领这个即将到来的新时代的野心。这封股东信足以以小见大，让我们清晰地了解到黄峥为什么会有今日之成就、拼多多为什么能在阿里巴巴与京东的"双雄争霸"下成为电子商务领域的第三极。

日本管理大师大前研一认为："21世纪，国家之间最大的竞争是思考能力的竞争，一个国家能否在全球经济大舞台上扮演重要角色的决定因素，已经不再是丰富的矿产资源、庞大的人口规模和强大的军队，而是思考的能力。"企业家的思想高度决定了一个企业的高度与未来，企业要想发展壮大，必须要有一个善于思考的企业家去引领。然而，尽管如今的中国企业在许多产业领域都已跻身世界领先行列甚至成为全球第一，中国企业家的管理思想却并没有赢得国际社会同样的关注。幸运的是，像黄峥这样的中国企业家已经越来越多。未来，一定会有更多的中国企业家，像黄峥一样系统地阐述其商业哲学和经营理念，不断提升中国的商业影响力。

附录

黄峥大事记

1980 年　　黄峥出生于杭州，父母都是工人，家境普通。

1992 年　　因奥数得奖，被老师推荐报考杭州外国语学校，成为他所在学校前后九年唯一一个考上杭州外国语学校的学生。

1998 年　　黄峥从杭州外国语学校毕业，被保送至浙江大学混合班（浙江大学竺可桢学院的前身），主修计算机专业。

2002 年　　黄峥从浙江大学毕业，到美国威斯康星大学麦迪逊分校继续深造。

2004 年　　黄峥获得美国威斯康星大学麦迪逊分校计算机硕士学位，随后加入谷歌。

2006 年　　追随李开复回国，参与谷歌中国办公室的创立。

2006 年　　与段永平一同参加巴菲特的午餐。

2007 年　　从谷歌离职创业，创立欧酷网。

2009 年　　创立电商代运营公司乐其公司。

2015年4月	拼好货微信公众号上线，抓住传统电商未能有效助力农产品上行的机遇，以社交拼团模式将产地农产品售给消费者，从此开创社交电商新模式。
2015年7月	拼好货App上线，9月登上App Store免费排行榜第一，用户数突破1000万。
2015年9月	黄峥的公司内部孵化新电商平台拼多多。
2015年12月23日	拼好货迎来高榕投资与IDG两大投资方的千万美金级B轮融资。
2016年2月	黄峥开设个人同名公众号，记录创业思考。在《把资本主义倒过来》等文章中，黄峥提及了"个体对自身某个行为的确定性的把握，对满足需求的供给方往往是有价值的，它可以降低组织生产的不确定性"，因此，有一种产品形式是"资本家出钱给普通人买他的生产资本配置的确定性，形成反向的保险"。这一想法被认为是拼多多拼团模式的雏形。
2016年2月	拼多多单月成交额破1000万元，付费用户突破2000万。
2016年7月	拼多多用户量突破1亿，获得来自腾讯、高榕、新天域等投资机构的1.1亿美元B轮融资。

2016年9月	拼好货、拼多多宣布合并成立新电商平台，并采用分布式人工智能与社交拼团模式，致力于为消费者提供更具性价比的商品。黄峥担任新公司的董事长兼首席执行官。
2016年10月10日	拼多多周年庆单日交易额超过1亿元。
2017年6月	黄峥当选"上海十大互联网创业家"。
2017年6月	中国（北京）电子商务大会将黄峥评选为"未来之星人物"。
2017年9月	拼多多成立2年，月GMV超过10亿元，日均订单超过100万单。
2017年10月	拼多多近1个月长期占据iOS总榜及购物类第一名。
2017年12月	用户数量突破3亿大关，猎豹发布的最新电商App数据显示，拼多多再克天猫、苏宁易购、唯品会、京东四家，周活跃渗透率仅次于手机淘宝，名列所有电商App的第二位。
2018年1月	发布扶贫助农报告，报告称2017年共计投入34亿元公益推广贫困地区农产品，解决百万农户卖货难的问题，覆盖了730个国家级贫困县，扶持了4.8万个农村商户，全年催生了9亿多扶贫订单。

2018年2月	发布《2017拼多多消费者权益保护年报》，2017年全年下架1070万件疑似侵权商品，拦截4000万条侵权链接，同时，设立了1.5亿元消费者保障基金，将"假一赔十"写进平台协议。
2018年7月26日	拼多多在美国纳斯达克上市，发行价19美元，市值达到240亿美元，平台活跃买家数已超过3亿。
2018年8月31日	拼多多公布上市以来首份财报，2Q营收同比增长2489%。
2018年10月	国美电器与拼多多进行合作，前者为拼多多提供电器类商品经营业务。
2018年12月	黄峥荣获"创业邦100"中国年度创业人物。
2019年2月	黄峥进入《2019胡润全球富豪榜》前100名。
2019年3月	黄峥位列2019年福布斯全球亿万富豪榜第94位。
2019年10月	黄峥位列《2019年胡润百富榜》第7位。
2020年2月	黄峥位列《2020胡润全球富豪榜》第60位。
2020年4月	黄峥位列《2020福布斯全球亿万富豪榜》第57位。 黄峥入选《财富》中文版"2020年中国最具影响力的50位商界领袖"榜单。

2020 年 5 月	黄峥在财报电话会议中表示,拼多多财报显示,平台活跃买家数达到 6.28 亿。
2020 年 7 月 1 日	黄峥发布公开信宣布将卸任 CEO,继续担任拼多多董事长,未来"将花更多时间和董事会制定公司中长期战略"。
	黄峥宣布将与创始团队共同捐赠 2.37% 的拼多多股份设立"繁星慈善基金",旨在推动社会责任建设和科学研究。该慈善基金为不可撤销的慈善基金,由独立受托人管理,保证慈善基金的所有资产全部用于公益用途。
2020 年 8 月 6 日	黄峥退出拼多多董事席位。拼多多回应称:"此次变更为 VIE 架构的正常调整,黄峥虽然退出董事席位,但依然拥有 80.7% 的投票权,不会影响公司正常经营。"
2020 年 8 月 19 日	黄峥退出拼多多(上海)网络科技有限公司董事席位。

2018年致股东信：永不放弃做正确的事

拼多多不是一家传统公司。它在大家都觉得电商格局已定，历史书已经写完的时候诞生。用短短3年时间汇聚3亿多用户、过百万卖家，共同建立一种新的购物模式。

虽然它的飞速增长，表明它未来有巨大潜能和无限可能性，但它毕竟只是一个3岁的小孩，身上还有很多显而易见的问题和许多危险与挑战。

那为什么我们还要让拼多多这么早进入不可控的资本市场呢？我想有以下几个原因：

1. 我们认为拼多多业务类型，本来就有很强的社会性，所以它终将走向公众，所有成长也应该为公众所分享。

2. 我们相信拼多多有巨大潜力，往后看3年、5年，还是更长时间，上市其实没实质区别。相反，在公众监督下，我们可以成长得更好、更强。

3. 我们希望拼多多是一个公众机构。它为最广大用户创造价值而存活。它不应该是彰显个人能力的工具，也不应该有过多个人色彩。

与此同时，它应该作为一个独立公众机构，展示它作为一个机构独特的社会价值、组织结构和文化，并且遵循它自身独特的命运，生生不息、不断演化。

作为创始人,我来讲一讲我观察及想象中,拼多多应该是什么样子,这样你也大致更具象地理解你将要投资怎样的公司。

一、拼多多是一家做什么的公司

拼多多致力打造一个网络虚拟空间和现实世界相融合的新空间,在这里用户可以用最划算的价钱买到想要的东西,同时也会在里面收获很多快乐。

拼多多是一个平台,也是一个由众多用户、商家、平台管理人员/运营人员、平台基础设施和服务提供商一起组成的互相依存的社区。

在里面,各个参与者随着其他各方的变化而变化,成长而成长。价值的天平也随着各方的变化,在成本效用、效率、情感、精神获得感之间移动。

拼多多生存的基础是为用户创造价值。我希望我们的团队若在不安中醒来,永远不会是因为股价波动,而只会是因为对消费者真实需求变化的不了解,以及消费者对我们的不满意乃至抛弃。

拼多多将是一家勇于投资未来、立足长远的公司。它有时可能看起来激进,有时显得过于保守,但它其实都遵循一个简单一贯的逻辑,那就是专注这个机构的内在价值。

二、拼多多的价值观

拼多多价值观核心是本分。本分这个词用英文比较难翻译,大致意思是说"坚守自己的本职",在我们这里有几层意思。

1. 要诚信,并成为值得信任的人;
2. 要尽自己的本职,无论别人在做什么;
3. 隔绝外力,回归初心,专注做好自己应当做的;
4. 不占人便宜,即便我们能够;

5. 出现问题，首先求责于己。

对于拼多多管理层来说，本分意味着专注为消费者创造价值。

我们可能不被理解，但我们总是出于善意，不作恶。

三、展望未来

在过去 3 年里，拼多多建立并推广一个全新购物理念和体验——"拼"。我们可以合理期待，"拼"会演变出各种版本。我们也期待在未来开创出完全不一样的用户场景，就像今天开创"拼"一样。

如果我们闭上眼睛畅想一下下一阶段的拼多多，你可以想象，它是一个将网络虚拟空间和现实世界紧密融合在一起的多维空间。

它将是一个由分布式智能网络，而非时下流行的集中式超级大脑型 AI 系统驱动的"Costco"与"迪士尼"的结合体，即集高性价比产品和娱乐为一体。

它不光高效地做信息匹配，还不停模拟整个空间里人们的群体情绪，并试图对整个空间做调整，让人们体验更加开心。

在不断满足用户需求过程中，拼多多致力于提升供应链效率与质量。比如，农产品就是个很好的例子。受限于人口数量和土地条件，中国人均耕地面积相对较少，不像美国到处都是规模巨大的农场，农产品生产、运输、流通都高度工业化。

我们发现"拼"能快速聚集消费者需求，实现大规模多对多匹配，再利用中国成本低廉的物流网络，减少层层中间环节，将这些农产品直接从农庄送到消费者手中。这一方式在提升消费者体验外，更加实现不同品质、种类、数量的小规模农产品的半定制批量处理。

它降低农产品消费的不必要成本，使小规模定制服务成为可能。这种模式的社会影响力及社会价值，远高于我们业务本身所取得的成就及外界对公司的估值。我们欣喜于今天已经取得的小小影响，同时也认为农产品只是这个趋势的开端。

四、感谢相信我们的投资人

感谢那些看完上面乌托邦式描述，还依然有兴趣投资拼多多的人。要相信这样一家融合物质消费和精神消费，不断试图创造自身独特社会价值的非传统公司，并不是一件很容易的事情。因为这种对长期愿景和内在价值的追求与专注，可能不会总带来近期的收益。

我们的数据可能看起来波动或粗糙，但我们期望将一个真实的拼多多，展现给广大投资者。我们邀请您一起携手前行，这将会是异常美妙的旅程。

五、那么，有什么是您作为投资人可以期待的呢？

首先，您有理由相信我们还有极大的上升空间。实际上，向未来展望10年，或许我们现在提供的服务水平，仍处在最粗糙的阶段。在这样粗糙、不完美的情况下，已经有很多用户选择相信我们。我们有理由相信，随着我们夜以继日努力，服务品质提升，会有更多用户相信我们，选择我们。

其次，你应该可以期待一个充满激情的团队。他们值得信赖，并且一直专注服务用户和实现公司的内在价值。

拼多多作为一个成长中的机构，将永不放弃做正确的事，永不放弃为最广大人民群众创造价值，推动更快乐生活的孜孜追求。

2019 年致股东信：打造新时代的新电商

这是一个有意思的时代，世界正以前所未有的速度改变着。好的、坏的都在发生，很多是不曾预期的，有些甚至让人惊讶或紧张。旧力量的惯性依然很强，产生的问题依然存在；新的力量、思维、方法又在竞相萌发。

正如狄更斯在《双城记》里所写的那样："这是一个相信的年代，这是一个怀疑的年代……"但无论你信仰还是质疑，主动或是被动，我们与世界都正以近乎冲刺的速度，进入到一个新的时代。

一、新时代的新电商

在新的时代，就我们所在的这个局部，我们倡导的新电商意味着什么？和传统电商前辈的关系又是什么？

首先，我想新电商最大的特征是"普惠"，这由它诞生的时代决定。20 年前互联网刚在中国起步时，使用者是知识经济水平较高的小部分人。20 年后拼多多出现时，不论乡村还是城市，教授还是农民，移动互联网已经平等地进入普通人生活中。这个时候出现的新平台，它的历史使命就是服务最广大的普通人。

从第一天起，我们就沿着这个使命前行，希望通过农产品上行为农户增加收入，为城市居民提供实惠，这成为当时平台成长的最强劲动力。之后，通过工厂 C2M 直销提高商品性价比，给普通人提供买得起的生活用品，又让平台向这个方向迈进一步。

新电商第二个特征是"人为先"，这由它的基因决定。拼多多诞生于移动互联网，摒弃 PC 搜索购物年代的"物为先"。

新电商不再把活生生的人当成流量，把商业模式做成流量批发，它试图理解每个点击背后人的温度，试图通过人与人连接和信任来汇聚同质需求；只有服务好人和对人足够尊重，人群才能聚集成力量，我们才能将长周期零散需求，汇聚为短周期批量需求，出现柔性定制生产的可能，提升供应链效率，让价值回归劳动者与创造者。

新电商也希望通过人与人互动，让用户更开心，类似多多果园（拼多多 App 中一款休闲社交游戏，用户模拟种植果树，水果成熟后，可收到平台赠送的真实水果）这种产品，虽然只是初步尝试，但验证了一种可行性。

新电商第三个特征是"更开放"，这是战略主动选择，更是时代进步的要求。我们的策略不是从打破一个垄断，到创造一个新的垄断，而是从打破一个垄断，到提供一个新的选择。拼多多快速增长，也是行业里每个公司争取长期生存权的必然结果。

以快递行业为例，我们在物流领域的基础很薄弱，但拼多多推出的电子面单系统（快递单打印系统）能在短时间内，成为中国乃至世界第二大电子面单系统，靠的不是我们，而是人心。大家从内心深处都不希望被强迫，虽然阻力重重，但为长期生存权而争取一个新选择的愿望和力量是强大的。

虽然其他主流电子面单系统，到现在都要求自身体系商户只能使用其唯一指定面单，但我们依然允许商户选择其他的电子面单系统。我们希望身体力行地促进产业走向开放，将力量从争取垄断与反对垄断的局部利益斗争中解放出来，投入到更值得我们全力比赛的难事上来，例如农产品上行的物流效率提升，这样更有利于社会及大多数消费者与劳动者。

从现在来看，这样的策略对于物流行业的好处很明显。

除了物流，在云服务上，我们现有的体量可以自建，也可以只用一家，我们依然选择所有主流云计算平台；在支付上，我们接入所有主流支付平台，坚持把多种选择留给消费者。

关于新旧关系，很多人习惯用你死我活的战争思维来看待，好比对于整日围坐于古罗马角斗场的人来说，非此即彼就是全部世界。也许角斗画面能带来一些感官刺激，但大自然多样生态共生迭代，才是持久的真实。

新电商是后来者，又是开创者。既是后生，各方面不完善，弱的一方；又是新生力量，充满活力与希望，代表先进的方向。

拼多多在一个特殊机遇期，通过商业模式和技术创新，突破既有格局，开创出一个新的购物场景，我们希望可以通过自身努力，引导生态向更普惠、更有温度、更开放的方向不断迭代。

二、拼多多当前状态

1. 拼多多依然是一家创业公司。

拼多多虽然成长的速度很快，也有一定规模，但它从成立到现在仅有4年时间，依然是一家创业公司。好比是刚读小学的姚明，个头虽高但依然只是个小学生。在这个阶段，需要的是充足营养和适当磨炼。

虽然偶尔也会被推上球场，与大块头成年球员较量较量，这里就特别需要裁判和教练关注场上对抗是否合理，小大人是会在皮肉青紫中成长，还是会韧带断裂、半月板受伤？我们相信大家愿意看到越来越多的优秀球员涌现，贡献精彩比赛，而不是赛场互殴。

作为监护人，如果想要培养他向善和自立，周末去做做公益，去餐厅做做临时工赚点钱也许不错。但督促他把赚来的钱都存在罐里，每周数数存了多少，这恐怕不是一个聪明的投资，用这笔钱给他买双心爱的篮球鞋，也许应该更好。

因为进了赛场，这个小大人随时具备产生收入和随时赚钱的能力。同样的，现在的拼多多也具备产生大额营收的能力，当前短期开销和营收只有很弱的关联。账面上的短期费用（我们认为相当一部分是具有价值的投资）也有极强的随时可调性。我想，拿"储蓄罐"里的钱去存定期，恐怕不是一个好主意。

我们在相当长一段时间内，将不会改变现在的经营策略，将持续聚焦在企业内生价值上，积极寻找对长期公司价值有利的投资机会，即使这些投入按照会计准则会被记为大额短期费用。

2. 当前面临的空前"二选一"会持续一段时间，但固有藩篱必将被打破，形成以创新和增量为导向的竞合（合作与竞争结合）是必然。

拼多多出现初步打破既有电商格局，自然会让其他平台有所反应，这种反应有时甚至很夸张。但所有这些行为，并不为消费者创造价值，也不为品牌商、生产者创造价值，甚至大多数是以伤害生态相关主体及消费者利益为代价。这种为了争取或维持某种垄断而进行的消耗与伤害，有时是"杀敌一千，自损两百"，有时是"杀敌一千，自损两千"，如果不能维持"长期独家排他"，那终将只是消耗而无所得。

而"长期独家排他"，必然会被打破。一方面，一时的许诺相对一两年的时间长度和商家、消费者全体，必然不可持续，甚至会反向加倍奉还。另一方面，假设长期没有一个像拼多多这样体量的新电商存在，那整个产业上下游、品牌商、资金流、物流，都将只能在实际上唯一可选的体系内流转，这是不可想象的，也不符合商业逻辑和自然规律。

恐怕连自身认为获益的当事方，都会逐渐意识到这是个灾难。所以大体量的新电商必然会出现，不是现在的拼多多，就是未来的

"Costco+迪士尼"。

长期看旧的格局能否维持,不是看"追求独家垄断性的竞争"能分给周边多少利益,也不是看有多少违背自身利益和意愿的被迫表态。有时恰恰相反,每一次被强迫背后都是一次内心深处反抗力量的增长。

一种商业和格局能否持续,本质上要看是否有利于消费者,是否有利于劳动者和价值创造者,是否能创造不可替代的价值,是否恪守本分、尽了社会责任。

三、下一步的策略

关于下一步的策略,我想主要还是下面四点:

1. 坚持消费者导向,创造性解决存量问题,为社会做增量贡献。
2. 从生存高度,理解履行社会责任是应尽的本分。保护知识产权,持续高压"双打"(打击销售侵权和假冒产品的"双打"行动),全力扶贫助农。以钉钉子精神,扎扎实实一个一个解决实际问题。
3. 专注企业长期内生价值,立足长远,勇于投资未来。
4. 进化组织,一步一个脚印走向更包容、透明、国际化的成熟公众机构。

时代的洪流浩浩荡荡,方向难以阻挡。

拼多多在短短3年多的高速发展过程中,经历各种曲折,是一个个老百姓用自己的真金白银投票支持了它。在森林里的每个局部,树与树的竞争都很激烈,而不同局部的较量异常丰富、曲折变化。但如果我们看整个森林,最终所有树的方向又是一致,那就是向着阳光的方向。向着阳光的力量异常强大,将改造很多事物,或为改造事物开辟道路。

拼多多的出现和发展,并不是因为我们有多厉害的能力,平台有多完善,甚至都不是我们有多用功,而是因为它生长在阳光充足的方向,这个方向就是普惠、以人为先和更加开放。摒弃零和竞争的帝国式思维,转变为以持续创新为基础,为消费者和社会创造增量价值的思维,这就是我们看到的阳光。

不论我们的作用有多大或有多微小,我们这一代人终将被这个时代急速的洪流,推向一个属于我们的不一样的新时代。

感谢选择相信我们,加入我们创造新电商这一美妙旅程的投资人。让我们一起向着早晨七八点钟太阳的方向前进,因为那才是新生的方向。

2020 年致股东信：新世界的旅程刚刚开始

今夕何夕？

今年 2 月，COVID-19 作为一个新词汇在全球家喻户晓，并颠覆了我们的日常生活。就在我书写这封信的时刻，世界上仍有一半的人蜗居家中，无助地等待着引发全球危机的小小病毒尽快消失。等待之初，我们急切盼望生活能够重回正轨；而越来越漫长的等待，则让我们逐渐忘记了时间。

今天，我们正身处怎样的时间之中？时间又究竟是什么？

对人类来说，这是一个危机的时刻，流言和混乱四起，人们因不同的理念、意见而产生分裂，甚至是对抗。这是一个百年不遇的特殊时刻，不过也许它也只不过是历史长河中一个再平常不过的片刻。

病毒是大自然向人类派出的危险"信使"。出于生存本能，我们竭尽所能地调动自身的机体能量与之对抗。这种对抗的副产品是伤及自身甚至致命。很快，激战从单个生物体蔓延至整个社会有机体，不同大小、不同类型的公司、政府和国家，都在用自己的方式对抗这一威胁，其副产品也是不可避免地伤及自身。

这一切只是源于一个几乎看不见、离开宿主都无法复制的病毒，一个携带了一些信息（RNA）和很少能量的小小"信使"而已。这和数十年来我们担忧的原子能威胁形成了鲜明的对比。一朵可以升腾出巨大能量的乌云，与自身几乎毫无能量的"信使"，谁会给人类造成更大、更持久的危害？

这真是如幻如梦……这是大自然给我们的一个启示？一个教导？抑或是对我们的惩罚，还是救赎？也许，仅仅是大自然和人类开的一个小小的玩笑？

一、新生之时

当爱因斯坦写下他著名的方程式 $E=MC^2$ 时，他优雅地（某种意义上，也可以说是傲慢地）描绘了他脑海中的物质世界。但他并没有解释那描绘物质世界的精神世界与客观物质世界之间的关系，也没有解释能量与信息之间的关系。

今天，全世界都处在一种常规的反常中。成万上亿的人被迫困在家中，与亲朋好友分离。然而，我们又同时通过某种精神和情感联结在一起。这种关系也影响着我们所能感知到的物理世界。虚拟世界和物理世界之间的边界前所未有地模糊，我们开始看到（而不仅仅是想象）一个新的世界正在走来。或者，更精准地说，是一个全新的人类世界正在走来。在这个新世界中，"虚拟现实"一词已经过时。现实和虚拟可以相互转换，现实变得虚幻，虚幻却是现实一种。同样，人类物质与精神需求之间的分别也愈发模糊。

当这个微小的病毒进入人类世界时，它就像试管中的催化剂一样，加速了新世界的形成。过去世界的某些维度在被重构，一些规则也在被改写。这股席卷全球的力量将从根本上永久地改变我们所生存的世界。就像我在前面两封致股东信中解释"拼多多的诞生"时所述，新物种将会以和从前完全不一样的样子在新的土壤中孕育和生长。现在，正是世界萌发新生，重新构建的时候。

二、感受时间

1. 时间的方向

人类一直努力地用我们所掌握的逻辑和原理，试图理解和控制世界。在许多事情上，我们确实成功过，比如科学。在科学的世界里，我们试图从客观物质世界里抽离出来，以超然的上帝视角来进行"客观"的观察、理解，并通过有限的方程式来定义这个客观物质世界。在这样的框架中，时间变成了方程式 $-t = (-)t$ 中的一个可逆参数。它只是描述物体在按预定轨迹运动的方程式中的一个参数而已。

但是，当一个渺小的病毒把我们从幻梦中惊醒，我们发现人类并没有凌驾于世界之上，仅仅是这个被观察的世界中的一个可忽略不计的组成部分而已。我们唯一能做的，是停下手中的一切，等待时间流逝，感受时间流过的痕迹。

我们进而意识到，时间很可能不应该是方程式中的一个可逆参数，它更像是一个不可逆的向量。它是一股强大的有方向的力量，默默地驱动着我们所见所感的一切事物。无论我们多么固执地渴求着对称和永恒，时间总是在不断制造着世间种种的不对称、不可逆以及死亡。

热力学第一定律($\Delta U = Q-W$)给予了我们一定的控制感和确定性，而热力学第二定律($\Delta S \geq = 0$)又使我们谦卑地认识到有另外一种存在，在力和质量组成的物理世界之外。熵（S）与信息有关，我不确定熵是否连接着精神世界，但它确实可以帮助我感受和理解时间。时间不应该只是物理世界里一个可逆的变量，或是孤立地存在于精神的想象，沉默而永不停息的它更像是在物质和精神世界表象背后的那股强大的有方向的不可逆的驱动力。

2. 时间、人群和不确定性

当牛顿最早揭示 $F=M(dV/dT)$ 时，它让我们有了"可以控制世界"的错觉，或至少给了我们可以掌控力量的某些理解和暗示。我们不再感到担心，因为每个物体都可由其位置、质量、速度和作用力来计算出轨迹。我们假设每个物体的过去的所有历史都已经被其当前状态所完全包含，并且每个物体都是独立的。在这样的假设下，大量物体之间的大量交互随着时间的推移将变得愈发复杂、混乱，也会表现得不确定和随机。时间之矢好像创造了混乱和不确定。而所谓概率，是对大量相互作用下的确定性的物体的轨迹集合的一个近似统计描述。

但是，当我们被隔离在家中，在焦虑和不安的情绪中等待时，我们开始怀疑"每个物体之间的相互独立性"是否真的是我们在试图理解和解释世界时的一个正确的假设。在我们对确定性的渴望中，我们选择性地接受了诸如"物体间的独立性"这样的简单假设，以帮助我们解释复杂的世界。我们的渴望是如此的强烈以至于让我们开始相信这就是真理。

但是，如果概率和随机性本来就是每个物体的天然属性呢？如果大量的物体在本质上就是相互交织和关联的呢？就像我们的人类社会一样，无论每个个体有多独立，我们都在真实和虚拟的世界中，通过相互关联而定义自我的存在。由于物体存在这些内在联系，试图屏蔽物体之间的关联，研究孤立个体的方法也就不再能够那么有效。相反，我们看到，时间推移下的个体间大量互动反而成为一种为社会和世界带来秩序和确定性的力量。我们再一次感受到了时间的力量和魔力。

三、把握今朝

当新型冠状病毒席卷全球时，每个机体都不得不面对大自然带来的残酷挑战。相对年轻的人或许心存一些侥幸与慰藉。这并不是说我们要在"危"中讨巧得利。任何妄图乘人之危或利用漏洞使自身受益的想法，在时间面前显得异常愚蠢，无异于一个狂妄的赌徒试图在赌场上赢过时间。

相反，我们感受到了需要更加努力工作的冲动和动力。这是因为我们比以往任何时候都更理解和珍惜宝贵的青春。我们越发意识到我们应尽的责任。我们需要证明我们这一代人的与时俱进和以往不同。在这个新世界中，新物种和新生物必将诞生并茁壮成长。

大自然的蓬勃发展和趋势不会因为任何个人意志而改变。理解这些自然规则不应该让我们感到优越，更不可能让我们有能力统治自然。相反，这使我们能够谦卑地认识和承认，我们只不过是世界自然演变过程中的沧海一粟罢了。

恰如一位诗人写道："我冷眼向过去稍稍回顾，只见它曲折灌溉的悲喜，都消失在一片亘古的荒漠。这才知道我的全部努力，不过完成了普通的生活。"

带着这样的视角，我们既感到无比的谦卑和平静，又无比感恩于拥有的宝贵青春和担负着的重大责任。因此，我们将更加坚定地投资未来，努力建设面前的新世界。在这新世界中，我们的美好旅程才刚刚开始。

黄峥名言录

1. 时代是一浪推一浪的，阿里今天成功的模式未必是明天成功的模式。老一辈总是要老的，年轻一代总会走到那一步的，不是我，也是跟我同龄的其他人。我就用平常心踏踏实实做好该做的事情，努力成为同一代人里面最靠谱的那一个。

2. 人生是个过程，然后呢，我们就好像农民工进上海打工，我一开始水平差，我就搬砖头，到后来洗碗，洗碗过了之后做厨师，厨师做好了之后就开饭店，我们的过程是这样的，并不意味着说我之前的事情跟现在没有关系，甚至有一天我开了餐厅之后，我回过头去，我也会去洗碗，我也会去做厨师，整个东西就串起来了。

3. 创业和打高尔夫相似，都是自己与自己的较量。每次面对的场景可能不同，但挥杆这一基本动作是不变的。所需要的是保持平常心，把动作做得更标准。

4. 山沟沟里飞出金凤凰是小概率事件。大部分富二代，特别是官二代是非常优秀的。

5. 田忌赛马，能在整体资源劣势的情况下创造出局部的优势，进而有机会获得整个"战役"的胜利。由此，平凡人可以成就非凡事。

6. 钱是工具，不是目的。

7. 我有一个不小的遗憾，自己目标导向太明确，在追求第一上、在努力做一个好学生上浪费了过多的时间,损失了很多逆反、捣蛋、纯粹享受青春的时光。"60分万岁是个好哲学"是我在很多年后才慢慢悟到的。

8.得多少财是要有对应的福报的,没有足够的福报得了意外之财可能未必是好事。

9.因为瞬间有了太多的钱,很多人失去了工作的动力,开始去寻找新的乐趣和事业,但是往往那些新的东西他其实不擅长也未必喜欢(开飞机未必行,搞望远镜搞不来,创业不适合做老板,但又坐在了老板的位置上)。就这样林林总总耽误了好些年,耽误了他最有可能做出更杰出成就的时光。

10.有些客观规律和现状,不是一个简单的愿望可以的,往往需要比你想象多得多的能量,这和人总是要死的一样,是一个不得不面对的事实。

11.再次创业能让自己更快乐,同时我当然也希望它能由近及远,带给我周围的人以及更多不认识的人多一点点快乐。

12.回归本心,我希望每天我都能坦然地面对自己,自己觉得心安,自己觉得尽了本分。

13.很深度地和一帮自己喜欢的小伙伴披荆斩棘地创造一个什么东西,这个过程对我确实是有幸福感的,一起欢笑流眼泪,一起渡过难关,团队的感觉,和家庭的感觉是一样的,我觉得我享受这个过程。

14.从我识字开始,好像我就是在不停地给自己设立目标,然后找优化路径去实现这个目标以及我理解的人生大目标。

15.目标达成和幸福未必是同一件事。

16.要有勇气去面对常识,用常识做理性的判断,用理性的意念指引自己的行动。

17.要把对成就一个无限完美的自己的兴趣,转移为对外部客观事物的兴趣。

18. 对不可改变、不可能征服的事要会放弃。

19. 人是宇宙中非常非常渺小的存在，人生的时间又是无比的短暂，能做的、能改变的都是极其有限的。这应该是我们时时都应该清楚的背景。

20. 人的思维观念在很大程度上取决于他的出身，年幼时受的教育以及当前自身的利益角色。所以当判断一个权威的观点，或者判断一个世俗通行的看法，一个父母的期望的时候，要能知道他的背景，结合他的背景利益角色来看。在结合了这些背景事实的基础上，需要的往往只是用常识去判断，更多地需要的不是睿智，而是面对事实时是否有勇气依然追寻理性。

21. 不同地区，不同人群圈子的价值观是不一样的。一个地方的非主流很有可能是另一个地方的主流。

22. 嫉妒是不同阶级、国家、性别之间趋于公平的主要动力。同时，期望通过嫉妒来获得那种公平也会是最糟糕的公平。它在削减幸运者的快乐，而不是增加不幸者的快乐。

23. 巴菲特说买股票就是买 part of the company，要有长期持有的心态去寻找好的生意，好的合伙人。

24. 在投资的时候要去把 founder、CEO 当成自己未来的合伙人，自己是不是愿意和他们长期在一起做一些事。如果这个创始人、CEO 的人品或者文化让你长期合作感到难受，那最好第一天就别买。

25. 如果你感觉一个人长期并不适合团队，但有一时之用，这样的同事招进来往往令自己后悔，如果这个不合适的人是合伙人，那就不光是后悔，而是后悔莫及了。

26. 一个好的公司应该去花力气去解决、克服那些正确又难的问题，而不是四处捡一大堆芝麻（四处捡芝麻的心态往往是连芝麻都捡不到的,这和积小胜为大胜是完全两码事)。

27. 活着是创业的第一要务。

28. 要花大量时间去研究什么是正确的事,然后再去想如何把事做正确。在正确的方向上逐步前进远比在不正确的方向上狂奔要好。

29. 选择比努力重要。在正确的道路上前行哪怕慢一点,犹如投资中的复利连续20年20%的年回报是很厉害的,远比今年涨100%、明年跌50%来得收益高。

30. 我们要的是可信任的长期搭档,而不是看似能力很强却永远不知道他会不会背后捅刀的人。

31. 如果把创业过程中的各种决策都当作是投资决策,那么我们得去分辨我们用时间和钱换来的东西哪些是资产(asset),哪些是费用(cost),那些随着时间流逝、对加深生意的护城河有利的往往是"资产",那些时间越久对自己越不利的可以看成是费用。

32. 人生整体是不可知的,至少是不可精确度量的,是测不准的,是不确定的。

33. 用有限的规则去描述规范世界是不可能的,事情是不完美、不完备的。

34. 我们人类往往是越缺什么就越想要什么,缺胳膊想要胳膊,缺腿想要腿,人生终将逝去,却常求长生不老,爱情并不永恒却寄望于不变的石头。

35. 也许这个世界本来就无法确定,本来就无常,所以我们才如此不懈地追寻永恒,追寻确定的安全感。我们不但追寻,还老想握住它,干扰它,以此证明它的存在和自己的存在。可是殊不知它的存在也许根本就不是你所想的样子,它也从来不是不变,你越测量它,就越干扰它,越干扰它就越不是原来的它。当你无数次测验让自己心安了之后,它却已经被你改变了。如同信任、如同爱情,它测不准,测多了也就不在了。你只有笃信,只有认可不确定的命,接受它,它才在,你才幸福。

36. 电影院里如果前排的人站起来了,那么后排的人也会站起来,结果本来大家可以坐着看的美事,变成了所有人都站着看的辛苦事。

37. 每个人身上都带有癌细胞,正常是没事的,但如果它的复制和扩散超过某个值,你就得了癌症,而癌症要一个人的命远不需要扩散到50%。

38. 当我们讲要看主流,或者类比两个不是100%完美的体系的时候,一定要关注1%和5%的差别,千万不要以为都是小部分、是同样性质的。很多时候,质变就在这1%到5%之间。

39. 如果一个群体一百人,有8个人是骗子,而系统研究表明要比例低于3%无罪推定体系才work,那么,为了把8个人中的5个人转化过来,花的肯定不是5个人的力气,通常得10倍的力气,即50个人同时努力才能转化5个人。

40. 要根本上变革供给侧,得先变革需求侧,需求侧是拉动供给侧变革的牛鼻子。

41. 当一种贪婪被满足,另一个贪婪又会出现。当然这个贪婪大多数时候被称为追求。

42. 假设我们能让前端消费者多一点耐心及和其他人协调的愿望,放弃一部分所见即所得、现在马上要的冲动,那么我们就有机会利用人和人推荐、人和人之间关系、兴趣的相似点,做人以群分的归并,把每个人个性化的需求归集成有一定时间富裕度的计划性需求。

43. 假货是一个很深的链路的问题,比如一个商家生产假面膜成本只要5块钱,他在网上卖100多元,如果卖出了1万多单,只有5个买家来投诉,即使是买一罚十了,他还是有巨大的盈利空间。所以,打假是社会问题,平台自身的门槛要非常高。

44.便宜当然有好货,因为整个过程我们压缩了大量的供应链,这关键是性价比要高。

45.在拼多多陷入"诈骗谣言"时,微信没有施以援手。因为我死了腾讯不会死,腾讯有千千万万个儿子。

46.社交媒体的商业化是很差的,40%~50%人的眼球转化出来的交易量可能只占到整个社会零售总额的8%,跟目的性购物的收缩式电商相比,这是巨大的不匹配。

47.中国品牌"走出去"首先应做渠道变革。

48.在未来的四五年中,整个后端供应链会有很大的变化——从高度集中于头部品牌变成逐渐分散于腰部商户。

49.我们几乎所有的用户都是靠用户口碑传播得来的,主要是因为市场推广方面"不烧钱"。

50.巴菲特讲的东西其实特别简单,是我母亲都能听懂的话,但这顿饭对我最大的意义,可能是让我意识到了简单和常识的力量。

51.常识是显而易见、容易理解的,但我们各种因为成长、学习形成的偏见和个人利益的诉求蒙蔽了我们。

52.消费升级不是让上海人去过巴黎人的生活,而是让之前没有用过厨房纸的人有厨房纸用,让更多地区的人更方便地吃上好水果。

53.占便宜是人性,我们不要和人性作对。

54.只有在北京五环内的人才会说这是下沉人群。我们关注的是中国最广大的老百姓。

55.传统公司才用一线、二线、三线来划分人,拼多多满足的是一个人的很多面。

56.除了满足人们的基础物质需求,拼多多还要满足人们不同精神层面的消费需求。

57.如果我们还在用流量化的观点去做后流量时代的事情,肯定会挂掉的。

58.我们要做的事永远是匹配。拼多多要做的事是匹配供需,让合适的人在合适的场景下买到合适的东西。

59.企业家终究是会老的,但公司要持续活下去,它应该依赖于一个有自我应对能力的机制而不是一个人。

60.最好的企业应该是不可比——你独特,使得别人没法跟你等量齐观地比。

61.本分意味着专注于为消费者创造价值。我们可能不被理解,但我们总是出于善意,不作恶。

62.如果我不能赢得战争,我就不应该打。

63.对于拼多多而言,最重要的资产是人。

64.如何将一群人建立成一个靠谱的集体,并且持续维持着一个靠谱的公司,最重要的是有一个好的企业文化。而这个好的文化,由谁创建呢?就在于创始的一些人。能不能树立起一个好的文化价值观,可以决定着团队能走多远,走向什么高度。

65.诚信在国内会成为企业的核心竞争力,一家讲诚信的公司经营时间越长,建筑的壁垒就越高,对内也会积累起一帮很好的人。

66.如果方向是对的,那么首先应该做的就是跳入这股洪流。就像当年邓小平南方视察之后,很多人都云集深圳,虽然他们并不知道机会在哪,但是他们知道,机会就在附近。

67.本分变成自己的文化,也是很强的核心竞争力,愿意占便宜的人多,这样和你合作的人也多了。

68.如果有这么容易被拷贝,我早就挂了。一定程度上,别人模仿我是对我的赞扬。他们也在逼迫我们进步,供应链的积累需要时间和规模,不是简单抄一个皮就能跟上来的,前端产品的迭代也能形成品牌的规模效应,最终拼好货和其他公司的距离越来越远。

69. 我们比以往任何时候都更理解和珍惜宝贵的青春。我们越发意识到我们应尽的责任。我们需要证明我们这一代人的与时俱进和与以往不同。在这个新世界中，新物种和新生物必将诞生并茁壮成长。

70. 我希望我们的团队若在不安中醒来，永远不会是因为股价波动，而只会是因为对消费者真实需求变化的不了解，以及消费者对我们的不满意乃至抛弃。

71. 长期看旧的格局能否维持，不是看"追求独家垄断性的竞争"能分给周边多少利益，也不是看有多少违背自身利益和意愿的被迫表态。有时恰恰相反，每一次被强迫背后都是一次内心深处反抗力量的增长。

72. 一种商业和格局能否持续，本质上要看是否有利于消费者，是否有利于劳动者和价值创造者，是否能创造不可替代的价值，是否恪守本分、尽了社会责任。

73. 隔绝外力，回归初心，专注做好自己应当做的。

74. 拼多多的出现和发展，并不是因为我们有多厉害的能力，平台有多完善，甚至都不是我们有多用功，而是因为它生长在阳光充足的方向，这个方向就是普惠、以人为先和更加开放。摒弃零和竞争的帝国式思维，转变为以持续创新为基础，为消费者和社会创造增量价值的思维，这就是我们看到的阳光。

75. 从运营公司来说，如果生下来是老鼠，你不应该有成为大象的野心，因为那会把老鼠弄死；如果生下来是大象，你说你野心小，只想做老鼠，那大象会被养死。你很难说我有野心或者没野心。野心是根据你能做什么、会做什么（基因）决定的。

参考文献

1. 曾福泉：《浙大混合班嫡系师弟眼中的拼多多黄峥：技而优则商典型》，浙江新闻网，2018年7月。

2. 张恒：《拼多多凭什么：拼多多运营从0到1实战指南》，北京：机械工业出版社，2020年2月。

3. 袁国宝：《拼多多拼什么：商业模式＋店铺运营＋爆品打造》，北京：中国经济出版社，2019年1月。

4. 卢诗瀚：《开挂扩张》，南京：江苏凤凰文艺出版社，2020年8月。

5. 何加盐：《黄峥四十》，新浪"创事记"专栏，2020年8月

6. 考拉看看：《黄峥奋斗史》，新浪财经，2020年6月。

7. 南方：《低调段永平：成就国产手机帝国，"做正确的事，然后把事做正确"》，《环球精英》，2018年9月。

8. 李志刚：《解密拼好货：8个月从0到100万单》，《新经济100人》，2016年3月。

9. 宋玮、房宫一柳：《拼多多为何爆红？创始人分享了这20个机密！成功的捷径》，《财经》，2018年4月。

10. 智库君：《再见，黄峥！》，《首席商业智库》，2020年9月。

11. 闫伟峰：《拼多多：极简规则，创造无穷价值》，《国际融资》，

2020年8月。

12. 刘学辉：《80后黄峥的境界》，砺石商业评论，2018年7月。

13. 郭朝飞：《还原拼多多结盟国美始末：闪电战与出局者》，《蓝洞商业》，2020年4月。

14. 陈宇曦：《拼多多CEO黄峥谈电商竞争：我们应关注用户而不是竞争对手》，澎湃新闻，2019年8月。

15. 何加盐：《拼多多的黄峥和淘宝的蒋凡打起来了，美团的王兴在起哄》，搜狐新闻，2020年4月。

16. 何玺：《疫情之下，拼多多订单增长分析》，爱盈利网，2020年4月。

17. 程璐：《拼多多的第二战场》，《中国企业家杂志》，2020年9月。